顧問報酬から見た

会計・税理士事務所の選び方

税理士
阿部　員大

税務経理協会

プロローグ

■税務や会計のプロの世界を知ってこそ「数億円得する」ことも！

この本はタイトルの通り「顧問報酬から見た　会計・税理士事務所の選び方」について説明した本です。

ですから「なぜ○○のベンツは4ドアなのか？」であるとか「○○○○屋はなぜ潰れないのか？」といったようなサラリーマンやＯＬの方、あるいは会社の経理部の人向けに書かれた税金や会計学の入門書とはちょっとその趣を異にしています。

また「○○の節税」とか「節税と○○作り」とか「○○の○○払い過ぎ」といった節税の本とも異なります。

この本はズバリ、現在経営者である方、個人事業者、あるいはこれから起業しようとしている人で、税理士探しをしている人向けに書いた本です。

■ハウトゥーものではなく税理士探しとした理由は？

わたしは、常日頃税の問題は「局所的にものごとを見るのではなく、大局的に見なければならない」をモットーとしてきましたので、素人の人はハウトゥーもので勉強されるのも結構ですが、企業家は税の専門家を、それもいい専門家を探すことがまず第一ではとの思いで、人にスポットをあててみました。

つまり、経営者は税のことは専門家にまかせ、本人は本業に徹しなさい、ということです。

これは、世界の自動車王ホンダの創始者、**本田宗一郎氏**が経営哲学としていたことでもあります。つまり、自分の得手なことにだけ専念して、そうでないものは専門家にまかせなさいということです。

そして、このデフレ時代の中、どのような税理士を選ぶのが**頭のいい会計・税理士事務所の選び方**かということについて、網羅的に書いたのが本書です。

また、納税者が知りたくても誰も教えてくれない真の税理士業界の実態と構造、ならびに顧問報酬の算定方法について詳しく書いてみました。

これらをよく吟味されて業績を益々伸ばしてもらいたいとの一心で、綴ってみました。

■ 顧問料は高いもの!?

納税者にとって、その実態を知りたいがよく分からないというのが、税務や会計のプロの世界ではないでしょうか？

経営者にとって、実態の分からない者に命の次に大事な虎の子を預けるのは、濃霧のなか99折の山中をドライブするように、危険この上ない行為であるといえます。

さて、では税理士とはいったい何のための国家資格なのか？　また税理士制度とはいったい誰のための制度なのか？　申告納税制度の下においては、やはり納税者のための制度に尽きるのではないかとわたしは思います。そういう点から現在におけるこの税理士業界の実態をつぶさにやさしく伝えることが、納税者にとってどれほどの利益となるのかについて記述していきます。

わたくし事で恐縮ですが、わたしがこの税理士業界に足を踏み入れて、早いものでもう37年の月日が経とうとしています。

税理士の主要な職務を説明しますと、まず会計事務の他に税理士本来の仕事である**税務相談**（40数種類もある税目の中でも特に所得税、法人税、相続税、贈与税、消費税等々の税金に関する相談に応ずる）、**税務書類の作成**（個人や会社が税務署他に提出する申告書、申請書等の書類作成を納税者に代わって作成する)、**税務代理**(個人や会社が提出した申告書等に対して、税務署の行う更正決定等に不服がある場合、その申立等について代理をする)の3つがあります。

振り返ってみれば3代目日本税理士会連合会会長前田幸蔵先生の門をたたき、この業界に入った当初は、今のようなパソコン全盛の時代ではなく、全ての事務は手書きでした。手垢で汚れた金銭出納帳や元帳等の会計帳簿も個人の確定申告書も相続税の申告書も会社の法人税申告書もすべてソロバンをはじいて、夜を徹して首っ引きで作成していました。今日のようなパソコン万能の時代とは対照的で、まさに隔世の感ありといった印象です。

しかし、時代はどのように推移しても、あるいは利器が進歩しても国家という組織の中で生活する以上、**税金の申告**は避けて通れない不動のものであるといえます。

さて、わが国は法治国家です。そこで国家の運営費用捻出のために国家は国民あるいは営利団体、非営利団体他各組織団体に対し課税権を持ちます。この国家の課税権は全国11の国税局と沖縄国税事務所、524の税務署で働く税務職員を介して遂行されます。

ところで、現在のわが国の税法は決してシンプルなものでもなく、生やさしいものでもなく、すこぶる難解なものとなっています。そのような中でのわが国の納税制度は、戦後**申告納税制度**を採っていることもあり、とても経営者1人の手に負えるものではありません。

ここで登場するのが税理士です。先の税務職員等に対処するため、個人申告者や会社経営者に代わって、税に関してトータル的に税理士業務を代理しましょうというのが税理士であるといえます。

なぜ、顧問報酬は千差万別なのか？

ところで、後で詳しく記述していきますが、この業界ほど多種多様な士がいる世界も他の業界ではお眼にかかれません。

また一方で、主眼ではありますが、この業界ほど**現場において金銭（税務会計顧問報酬）が千差万別**で曖昧な業界もないというのが偽らざる状況です。

以下、この業界にどっぷり浸かっているプロの「税務報酬」についての認識について記述すれば、次のような声があります。

ある人は「税理士の顧問報酬」ほど大雑把なものはない、と。

また、ある人は「税理士の顧問報酬」に正規の料金などあってないようなものである、と。

また、ある人は「税理士の顧問報酬」について、以前あった**税理士業務報酬規定**だって半ば形骸化したものだったからね、と。

また、ある人は「税理士の顧問報酬」について、以前あった**税理士業務報酬規定**など複雑で使用せず、実際には適当におおまかに決めていた、と。

また、ある人は「税理士の顧問報酬」について、どだい顧問契約といっても大半は口約束で了承し合っているので明確ではない、と。

これらが業界内部からの本音の声でしょう。業界に長年身を置く者たちの弁にしてさえこれですから、一般の人やこれから起業しようという人、あるいは現在税理士に委嘱している者にとっては、まったく未開の世界のことである、といっても過言ではないでしょう。

ところで昨今は産業の空洞化、デフレ、円高、グローバル経済の時代と、どれ１つをとっても経営者にとって頭の痛い問題です。

経営者はそれこそ１日１日が血の滲むような闘いの日々であり、１日も早くいい税理士を探し、企業存続に邁進してもらいたいと思います。

昨今のように、インターネットによる情報の豊富な時代であっても、このように税理士業界の現場が曖昧であやふやな状況であればあるほど、１つの具体的な指針を提示することと、このことに大きな意義があるのではないか！

それはこの情報を知りたがっている全国多数の経営者たちの、曖昧模糊とした胸の中に

一条の光を差しのべることができるのではないか！。

本書が全国約400万人もいる会社経営者、あるいは約200万人いる個人経営者、そしてこれから起業する人にとっての福音書となれば、筆者にとってこれに勝る幸せはありません。

最後ではありますが、本書出版に際し、全面的にご協力をいただいた税務経理協会の峯村さん、そして製作に何かとお骨折りいただいた板倉さんには、心からお礼を申し上げます。

著者

もくじ

第二編　頭のいい税理士の選び方

第3章　顧問報酬についてのお話

第5章　この不況、デフレ下での頭のいい会計事務所の選び方についてのお話

第三編　税金よもやま話

第6章　税金アラカルト・知って得するお話

本書の流れと概要

プロローグ
☆税理士の業務の内容。申告納税制度、税金の重要性、顧問報酬額は千差万別

第１章
☆わが国の国家資格の種類。そのうち税金に関する業務ができるのは税理士、弁護士、公認会計士
☆税金はどう発生し、どう終わるのか？そして税理士との関係は？

第２章
☆所得税、法人税、相続税他、様々な税理士業務を実際に行っているのはいったいどういう人たちなのか？

第３章
☆納税者や社長が税理士と顧問契約をするときにかかる顧問報酬とは、どのように発生しどのようなものなのか？

第４章
☆税理士業務は商品を売る職種ではない。納税者や社長はいったいどのような税理士を選べば得をするのか？

第５章
☆様々な税理士が入り乱れる中、不況、デフレの経済状況の下ではどのような税理士を選ぶべきか？

第６章
☆税理士に委嘱しているしていないにかかわらず、納税者や社長が知っておくと得をする事例

エピローグ
☆本書を読み、様々なタイプの税理士を研究し、ご自分に合った税理士を選び、御社がますます繁栄されますように！

第一編　税理士業界の基礎知識

国家の根幹である税金を取り扱える正規の税理士、臨時税理士、ニセ税理士等の人たちについて分かりやすく解説。

第1章　わが国における国家資格の種類と構造についてのお話

1　税理士業務を行える3つの士とは？

現在、わが国において国家資格に合格し、個人資格を国に登録する場合、その最高峰に位置する者に税理士、弁護士、公認会計士、医師、不動産鑑定士、1級建築士等があります。

これらの者が国家へ身分登録するためには、国税としての**登録免許税6万円**を支払わなければなりません。

また医師の中でも獣医師は3万円、そのほか司法書士、行政書士、社会保険労務士、薬剤師等も**登録免許税3万円**がかかります。管理栄養士や1級航海士は**1万5千円の登録免許税**。そして看護師や助産師、あん摩マッサージ指圧師、理容師、美容師、介護福祉士等は**9千円を登録の際登録免許税**として、国家に支払わねばならないことになっています。

図表1-1　登録免許税から見るわが国の国家資格の種類

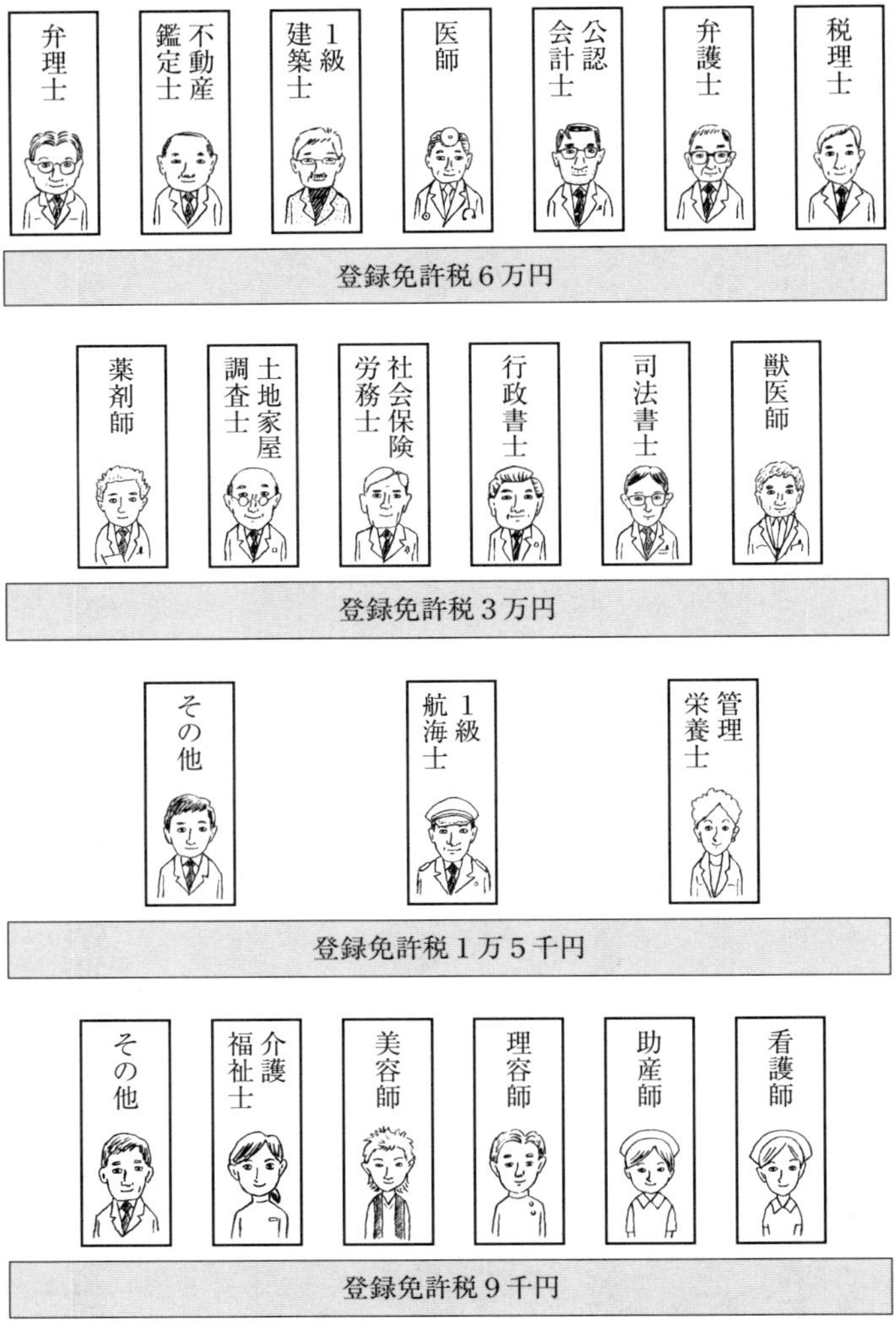

ちなみに、中小企業診断士は国家資格ですが、経営士とか経営コンサルタント等は正式には国家資格ではありません。

2　なぜ、国は国家資格を与えたのか？

後に説明しますが、税金は国家の根幹に関わることですので、誰彼かまわずこの業務を行わせると国の財政がメチャクチャになってしまいます。……誰ですか？　今でもシッカリとメチャクチャになっていると言う人は？　そうです、今や国家は財政破たん寸前です。しかしこれは歳入云々というよりもむしろ歳出にこそ問題があった結果なのです。大きな政府と経済政策の度重なる失敗が現在の状態を招いたわけですから。ところで、先の士の中でも看板を掲げてこの税理士業務をおおっぴらにできるのは**税理士**、**弁護士**、**公認会計士**だけとなっています。その他の者がこれらの行為を行うとニセ税理士行為として罰せられます。

なぜならば税理士業務は独占業務であり、これに違反したときは100万円以下の罰金あるいは2年以下の懲役に処せられることになっているのです。

3　租税の体系と税理士の位置づけ

わが国は法治国家である以上、法を遵守して行動しなければならない、という1つのルールがあります。それは立法者である国会議員の質がいかに悪くても、まがりなりにも国民から選ばれた代表者が作成（？）したものである以上、悪法もまた法なりです。

税法もまた法律であり、これを守らなければならないことはいうまでもありません！

不磨の大典である日本国憲法第三〇条においては**「納税の義務」**が定められています。一方、納税者を守る条文として同第八四条において**「租税法律主義」**が明文化されています。

つまり、税法の目的は「納税者から税金を徴収することであると同時に、納税者からは法律に定められている以上に税金を徴収してはならない」ということです。

４　何と大変な税理士業務！

実定租税法の共通法としては国税通則法や国税徴収法があり、また個別法には所得税法、法人税法、相続税法、消費税法等々があります。

これら各租税法を体系的にみれば、①どのような場合に税金がかかりまた消滅するのかということに関する**租税実体法**、②税金の確定や徴収の手続きに関する**租税手続法**、③税務当局が行う更正・決定、滞納処分に対する不服申立や取消訴訟に関する**租税争訟法**（租税救済法ともいう）、④租税犯（脱税犯と租税危害犯がある）とその刑罰に関する**租税処罰法**で構成されています。

これら一連の出来事のうち①から③までの出来事を納税者（クライアント）から委任を受けて代理業務するのが税理士です。

ところで、税金というとなるべく少なくしたいというのが人情ですけど、中には病的なまでに拒否反応を起こしてしまう人もいます。

しかし、法を無視して税務申告書を提出しなかった場合にはどうなるか？　悲惨な目に遭うことになります。

タップリ油をしぼられた上、本税（国税＋地方税）に加算税、延滞税等々のペナルティを加えられ、場合によっては期限内申告の2倍近くの税金を納める羽目になります。これが複数年となると、それこそ踏んだり蹴ったりの結果となることはいうまでもありません。法律に従って期限内に申告するのが、まともな人生を歩むにおいて唯一利口な方法といえます。

まさに**脱税は（悪銭）**身につかず、儚い一時の夢、ということです。

さてそれではどういう税理士、つまり会計事務所に依頼すればいいのか、次の章において記述していきましょう。

図表1-2　租税の体系

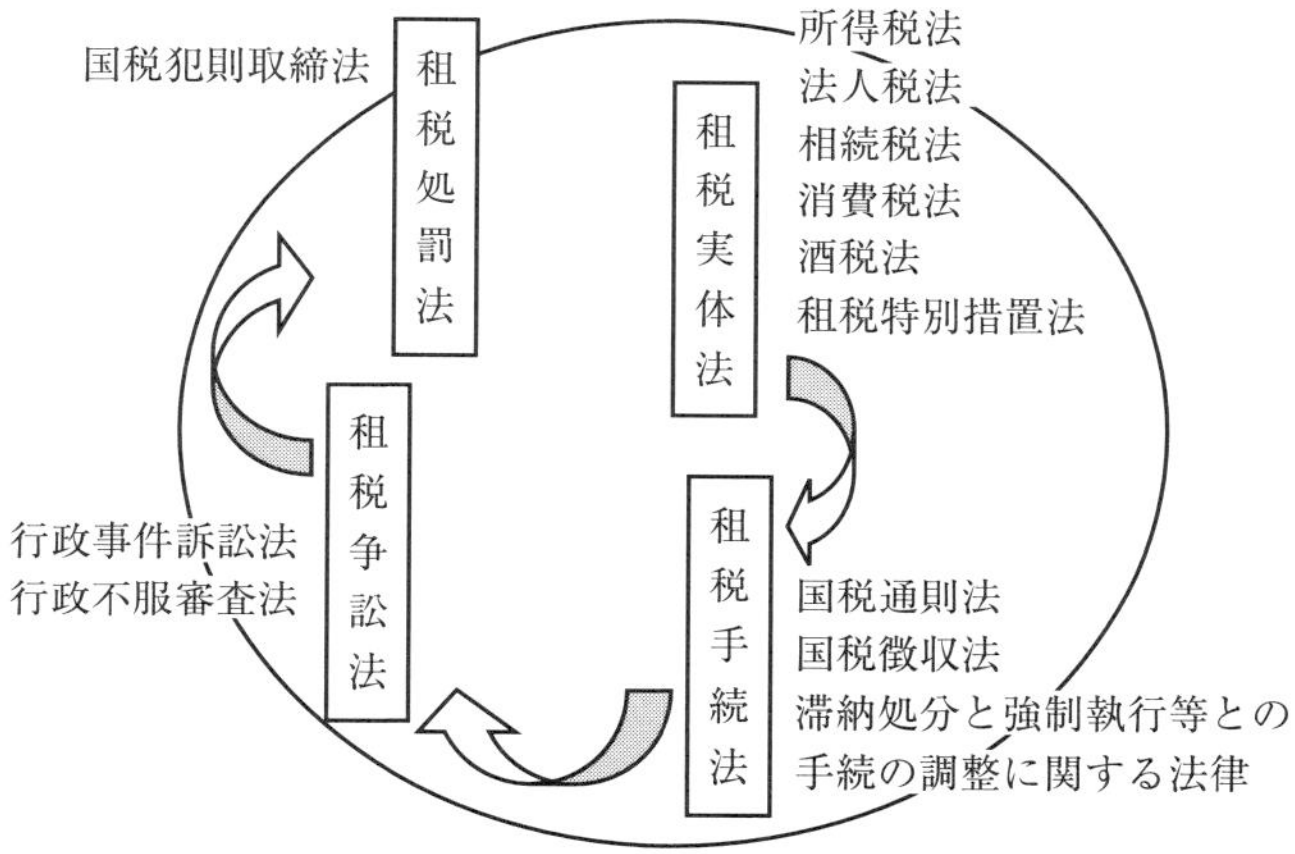

図表1-3　税理士業務

税務書類の作成
個人や法人が税務署等に提出する申告書・申請書等の書類を作成します。

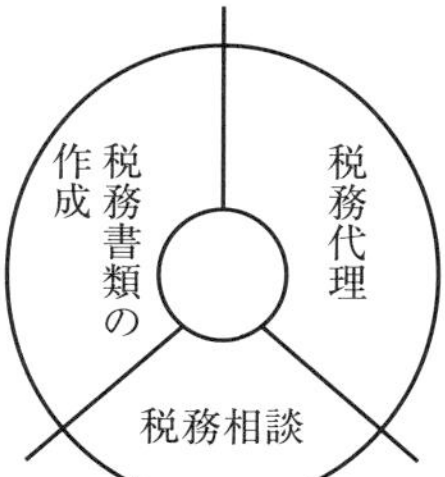

税務代理
個人や法人の提出した申告書等に対して税務署の行う更正決定等に不服がある時、その申立等について代理をします。

税務相談
個人の税金、法人の税金、相続税・贈与税、消費税その他諸々の税金に関する相談に応じます。

税理士は上の図のように、税金の発生から消滅するまでの仕事を、納税者の依頼を受けて行います。
もっとも全税理士がすべての税目に精通しているわけではありません。タイプ別の税理士あるいは出身畑によって異なります。

第2章　税理士業界で働く者たちの様々な顔ぶれについてのお話

1　正規の税理士、臨時税理士、ニセ税理士

さて、では現時点において、税理士として税理士業務を行える者、また臨時的に期限を限定して業務を行っている者たち、あるいは法を犯してまで税理士業務を行っているニセ税理士について、もう少し詳細に記述していきましょう。

最初に正規の税理士について触れ、その後臨時的に行っている者、そして最後に資格も権限もないのに実務経験だけを頼りにニセ税理士活動をしている者たちについて書いていきます。

図表2-1　ニセ税理士行為に走るプロセス

税金の申告書には、たいてい税理士の署名押印欄があるため正規の税理士はそこに自署押印し、または申告書によっては税務代理権限証書なるものをつける場合もあります。

↓

その申告書の効力については署名のあるなしは関係ありませんが、やはり税理士の署名があればプロの仕事とみなされ、それなりに精度が高いのではとの評価を税務当局に与えることができます。

↓

しかし、ニセ税理士はこれらの書類におおっぴらに署名押印することはできません。

↓

そこで結論としまして、ニセ税理士は様々な悪智恵を働かせます。

図表2-2　ニセ税理士行為の形態

ケースⅠ

ニセ税理士が申告書の書類作成をすべてやり、会社から顧問料をもらうケース。もちろん税理士の署名押印欄は空白にしてあります。

会計事務所に勤務している職員が、アルバイト感覚で行っているケース。

他の士業、たとえば社会保険労務士や行政書士等が行っているケース。

ケースⅡ

名義貸しのケース。ニセ税理士がいろいろな方法で正規の税理士を見つけ、その正規の税理士の署名押印をいただく。つまり申告書類の作成はニセ税理士がやり、署名押印は正規の税理士がやるということです。両者の取り分は様々。

顧問料はニセ税理士がもらい、正規の税理士は給与形態でもらうケース。

一旦ニセ税理士が会社から顧問料の全額を貰い、後日正規の税理士に何割か支払うケース。

ケースⅢ

上記によるケースの他、ニセ税理士と正規の税理士との間で実に巧妙な契約を取り交わし、ニセ税理士行為を隠ぺいするケースもあると仄聞します。

上の図は従来のパターンですが、時代の流れで今や電子申告にシフトしつつあります。基本的には同じですが、この場合には税理士の電子署名（XML形式）という形をとりますので多少複雑になり、従来よりニセ税理士行為ができにくくなるのではないかと思われます。

※注意　ニセ税理士に仕事を依頼した場合、とどのつまりそのツケはニセ税理士が負うことはなく、納税者自身にかかってくるということを肝に銘じなければなりません。

2　正規の税理士にもいろいろなタイプが！

まず、正規の税理士について説明していきます。正規の税理士とは、法的にあらゆる税目の税理士業務行為を許されている税理士のことをいいます。

この正規の税理士の中にも、**本来の税理士**と法律によって**税理士資格が付与**されることにより、税理士業務が行える者とに分別できます。まず本来の税理士、これには3つのタイプがありますが、その説明の後、法律によって税理士資格が付与された者について述べていきます。

3　オールラウンド・プレーヤーとしての5つのタイプ

正規の税理士のタイプには、5つのタイプがあります。

第1番目が試験合格者であり、第2番目が試験免除者、そして第3番目が、これも試験免除者のカテゴリーに入りますが、公務員出身ということでOB税理士（天下り税理士）、それに弁護士、公認会計士が4番目、5番目のタイプとしてこれに加わります。以上5つ

図表2-3　税理士のルーツ（タイプ別税理士の分布図）

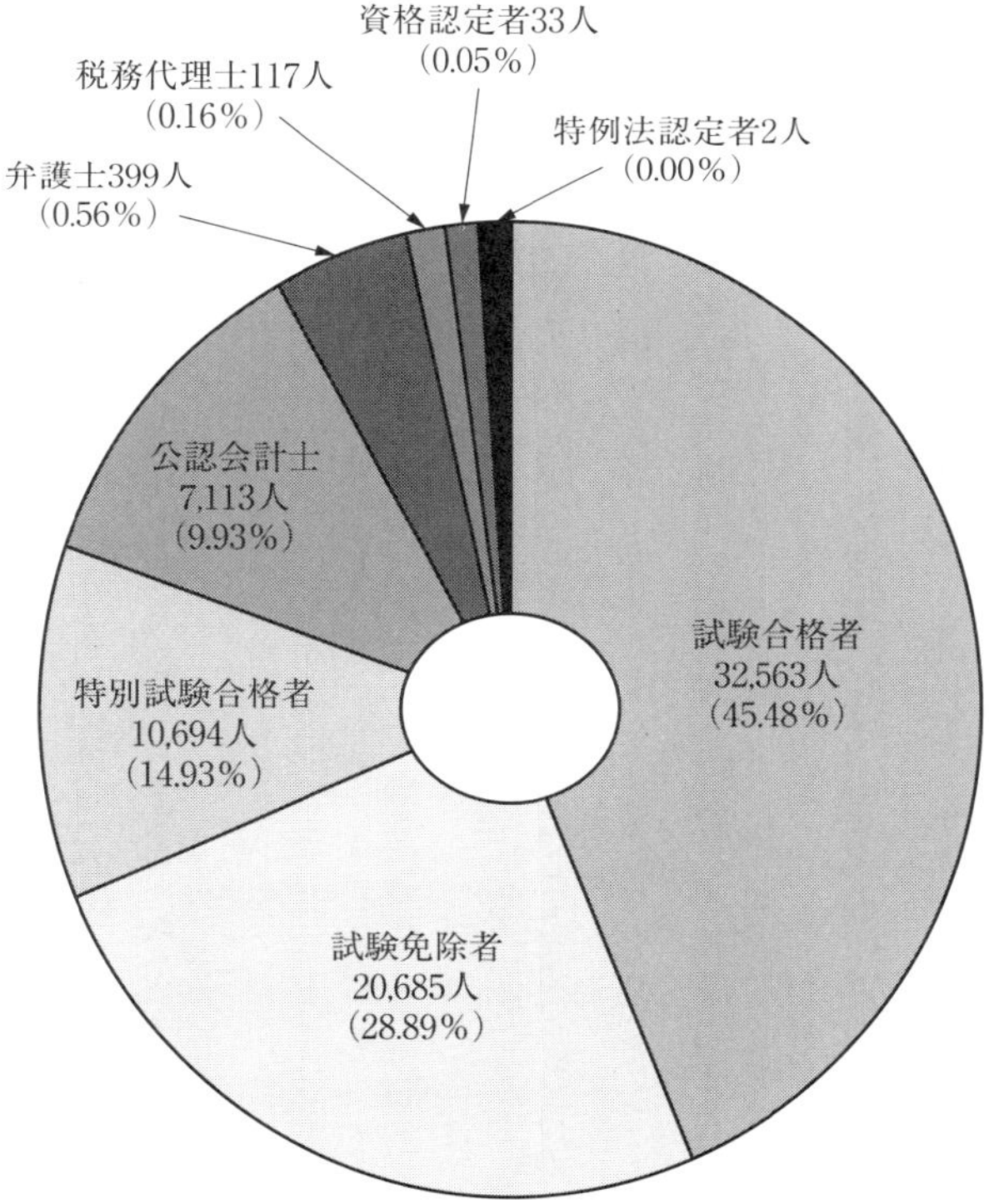

平成22年3月末日現在税理士登録者数71,606人（男性62,509人、女性9,097人）税理士界第1268号（平成22年5月15日日本税理士会連合会）の資料を参考に作成

のタイプが現在わが国で税理士業務が行えるオールラウンド・プレーヤーであるといえます。

図表2-3は特別試験が昭和60年までで廃止になったため、昭和61年分よりOB税理士の人は試験免除者のカテゴリーに入っています。ちなみにこの時点でのOB税理士数は8630人です。

4 試験合格者タイプ

まず、税理士になる最もポピュラーな方法として考えられるのは、年に一度、全国の到るところで響き渡る蝉の声が、シャワーのように降る真夏の7月下旬か8月上旬に、全国12カ所の試験場において実施される税理士試験に合格することです。

税理士法施行規則第五条　税理士試験は、北海道、宮城県、埼玉県、東京都、石川県、愛知県、大阪府、広島県、香川県、福岡県、熊本県、沖縄県及び国税審議会の指定するその他の場所において行う。

図表2-4　税理士登録者・税理士法人届出数（平成23年2月末日現在）

会　名	登録者数	開業税理士	社員税理士	補助税理士		税理士法人	
				（開業）	（法人）	本店	支店
東　京	20,481	16,261	1,769	904	1,547	678	174
東京地方	4,613	3,998	324	227	64	124	58
千葉県	2,363	2,137	132	74	20	50	37
関東信越	7,136	6,056	559	427	94	229	107
近　畿	13,546	11,420	847	909	370	331	128
北海道	1,925	1,570	227	86	42	87	44
東　北	2,561	2,273	173	97	18	64	36
名古屋	4,187	3,253	407	312	215	160	66
東　海	4,201	3,442	290	407	62	113	63
北　陸	1,318	1,058	143	100	17	51	28
中　国	2,925	2,565	163	158	39	67	28
四　国	1,536	1,320	113	85	18	38	25
九州北部	2,910	2,454	210	203	43	81	43
南九州	1,918	1,708	107	90	13	44	18
沖　縄	353	306	28	18	1	11	7
計	71,973	59,821	5,492	4,097	2,563	2,128	862

（出所）日本税理士会連合会「税理士界　第1278号」 平成23年3月15日

■税法科目3科目、会計学科目2科目

この試験内容については税理士法第六条に出ているので抜粋してみましょう。

税理士法第六条　税理士試験は、税理士となるのに必要な学識及びその応用能力を有するかどうかを判定することを目的とし、次に定める科目について行う。

一　次に掲げる科目（イからホまでに掲げる科目にあつては、国税通則法その他の法律に定める当該科目に関連する事項を含む。以下「税法に属する科目」という。）のうち**受験者の選択する三科目**。ただし、イ又はロに掲げる科目のいずれか一科目は、必ず選択しなければならないものとする。

イ　所得税法

ロ　法人税法

ハ　相続税法

ニ　消費税法又は酒税法のいずれか一科目

ホ　国税徴収法

ヘ　地方税法のうち道府県民税（都民税を含む。）及び市町村民税（特別区民税を含

む。）に関する部分又は地方税法のうち事業税に関する部分のいずれか一科目

ト　地方税法のうち固定資産税に関する部分

二　会計学のうち簿記論及び財務諸表論の**二科目**（以下「会計学に属する科目」という。）

右の太字で示しましたように、税理士になるためには諸々ある税法科目のうち自分の好きな科目を選択し、**3科目**に合格しなければなりません。しかも所得税法か法人税法のいずれかは必ず受験しなければならない選択必修科目となっています。

次に会計学科目ですが、簿記論と財務諸表論の**2科目**には必ず合格しなければならない必修科目になっています。

このように、晴れて税理士となるためには『税法科目3科目』と『会計学科目2科目』の合わせて都合5科目に合格しなければなりません。

ところでこの試験は**全科目合格制**ではなく、何もその年に5科目すべてに合格する必要はありません。何十年でもかけて1科目ずつ気長に取っていけばいいという内容の**科目試験制**です。

が、あまり長期に渡る受験計画では、人はマンネリ化する動物であるため避けた方がいいでしょう。そういう人をあまりにも多く見ているから！　短期決戦がいいでしょう。

また、気になるこの税理士試験の合否の基準ですが、各科目原則として満点の60パーセントであることが、税理士法施行令の第六条に示されています。

さてこのタイプにおける特性を簡単に説明しておきましょう。

税金に関する実定法は憲法を頂点にその下に法律があり、その下に施行令があり、その下に施行細則があります。いわゆる法源性があるというのはここまでです。法的な見地からすれば納税者を拘束できるのはここまでということになります。しかし、わが国の税務行政は通達行政と称されるように税務行政の現場では法源性のない通達（特に重要なのは法令解釈通達）ですべてが処理されていきます。

しかも現実問題として納税者が訴訟でも起こさない限り、この通達が租税法の解釈適用面での正しい考え方となります。そういうことからすると納税者を拘束することになり、通達も法源と同じような機能を果たしているといえます。

国家行政組織法第一四条第二項　各省大臣、各委員会及び各庁の長官は、その機関の所掌事務について、命令又は示達するため、所管の諸機関及び職員に対し、訓令又は通達を発することができる。

また、裁判所の判決ですが、そのうち一般的に承認を受けた裁判所の解釈、つまり判例も法源性があるとされています。

ところで、税理士試験はその性質上、試験委員に官僚関係者が多い傾向があります。

ちなみに国税庁ホームページでの『平成23年度（第61回）税理士試験実施スケジュールについて（予定）』を見てみましても、全試験委員21人中9人が役所関係の人となっています。

いきおい出題傾向は、通達を所与とした試験内容となるのもまた致し方ないところでしょう。

人の思考回路で「先入主となる」のたとえがありますが、このタイプの者の傾向として通達を中心に税法を解釈していくのではないかと思われます。それはそれで大切なことですが、仕事をする上で極端に緻密な面がある反面臆病でもあるといえます。その点次に述べる大学院出は職務を遂行する上で大胆さがみられる傾向があります。

またこのタイプの者は、苦労して免許を取っただけに金銭への執着心が人一倍強いように見受けられます。永年の苦労を実らせるために顧問料を高く設定するということでしょう。

他面、試験合格者とは直接関係はありませんが、出自が商売をやっていた所の息子はソロバン勘定に敏く、農家出身の税理士はあまり金銭欲にとらわれないお人よしが多いという傾向があります。

この業界ではよく試験合格者VSOB税理士といった図式をとりますが、一般的には試験合格者タイプは日和見主義者が多く、OB税理士タイプは生活の知恵からかすぐ群れたがる群れ主義者が多い傾向にあります。

5 試験免除者タイプ

このカテゴリーに入る者としましては、大学院出身の者と税務署出身の者とがいます。しかし、税務署出身者は『天下り』ということで、出身畑が異なりますので両者を峻別して説明したほうが読者には理解しやすいと思われます。ここでは大学院出身の者について説明していきましょう。

税理士は、というより国家資格は総じて一身専属権です。一身専属権とはその人だけに与えられた権利であり、たとえ息子であろうと娘であろうとその権利（一種の財産ともいえます）は相続できず、その人が死亡すればその瞬間消滅する類のものです。つまり1世

（創業者）が永年苦労を重ねて築き上げてきた会計事務所も本人が死亡すれば一瞬でパーとなり、2世（息子）は看板を掲げてその仕事を承継することはできないことになります。

そういった点では国家資格あってのビジネスといえます。

■税理士業界にも事業承継の嵐が！

ところで、どの業種であっても昨今の経営者は事業承継に頭を悩ませていますが、斯界における所長たちもその例外ではありません。

中には60歳を過ぎてなおかくしゃくたる者もいるにはいますが、やはり体力は落ちてくるし、自信も衰え、事業意欲も削がれてくるのが現実です。65歳ともなれば跡継ぎ問題は切実味を帯びてきます。

しかしこの業界の特殊性からか税理士登録者71973名（平成23年2月末現在）の平均年齢は60歳前後ともいわれています。

■士業にもいよいよ法人化の波が

このような状況を察してか、平成13年の税理士法改正で税理士法人制度が新たに設けられました。

「税理士法人」とは、個人事業者である税理士が引退あるいは死亡したときに、顧問先の税務業務に支障をきたすことがないようにとの配慮から、複数の税理士で構成される法人のことです。

これは一身専属権による事業承継問題の弱点をカバーするものであるといわれています。

今までのように個人事業者（税理士）が顧問先と顧問契約を締結している場合、税理士が引退あるいは死亡すれば自動的に顧問契約が終了します。

これに対し税理士法人の場合には、顧問契約はあくまでも法人との契約となるため、その法人の代表社員（税理士）に変更があっても顧問契約には何ら支障を及ぼさないといった利点があります。

しかし、これも息子が親の作ってきた会計事務所をバトンタッチするための最善の方法とはいえません。要は息子が国家資格を取得し、円満のうちに事業承継することこそが最善の方法なのです。

このような状況から察するに、この試験免除者タイプの者としては親が税理士事務所を経営しており、その親の跡を継ごうとしている2世に多いといえます。

なぜなら試験科目5科目のうち、何科目かを比較的確実に取得できるからです。

では、以下このタイプについての資格取得方法について記述していくことにします。

先の試験合格者タイプのところで記したように税理士の資格を取得するためには『税法科目3科目』と『会計学科目2科目』の合計5科目に合格しなければならない、となっていました。

■ 税法なら2科目、会計学なら1科目

試験免除者についての税理士法第七条（試験科目の一部の免除等）について次に掲げます。

税理士法第七条　①　税理士試験において試験科目のうちの一部の科目について政令で定める基準以上の成績を得た者に対しては、その申請により、その後に行われる税理士試験において当該科目の試験を免除する。

②　税法に属する科目その他財務省令で定めるもの（**以下この項及び次条第一項第一号において「税法に属する科目等」という。**）に関する研究により修士の学位（**学校教育法第百四条に規定する学位をいう。次項及び次条第一項において同じ。**）又は同法第百四条第一項に規定する文部科学大臣の定める学位で財務省令で定めるものを授与された者で税理士試験において税法に属する科目のいずれか一科目について政令で定める基準以

上の成績を得た者が、当該研究が税法に属する科目等に関するものであるとの国税審議会の認定を受けた場合には、試験科目のうちの当該一科目以外の税法に属する科目について、前項に規定する政令で定める基準以上の成績を得たものとみなす。

③　会計学に属する科目その他財務省令で定めるもの（**以下この項及び次条第一項第二号において「会計学に属する科目等」という。**）に関する研究により修士の学位又は学校教育法第百四条第一項に規定する文部科学大臣の定める学位で財務省令で定めるものを授与された者で税理士試験において会計学に属する科目のいずれか一科目について政令で定める基準以上の成績を得た者が、当該研究が会計学に属する科目等に関するものであるとの国税審議会の認定を受けた場合には、試験科目のうちの当該一科目以外の会計学に属する科目について、第一項に規定する政令で定める基準以上の成績を得たものとみなす。

④及び⑤は省略

右の条文第二項を見ると、大学院において修士課程を修了しかつ税法に属する研究論文で、国税審議会の認定を受けた場合には**『税法科目3科目』のうち『2科目』**が免除されることが分かります。

同様に条文第三項を見ると大学院において修士課程を修了しかつ会計学に属する研究論文で、国税審議会の認定を受けた場合には『**会計学科目2科目**』のうち『**1科目**』が免除されることが分かります。

■博士なら税法3科目、会計学2科目。ダブルドクターでOK

ちなみに、税法に属する科目に関する研究によって博士の学位を授与された者や、大学において税法に属する科目の教授、准教授または講師の職を通算して3年以上勤めた者は『**税法3科目**』すべてが免除されることが、税理士法第八条第一項第一号に出ています。同様に会計学に属する科目に関する研究によって博士の学位を授与された者や、大学において会計学に属する科目の教授、准教授または講師の職を通算して3年以上勤めた者は『**会計学2科目**』すべてが免除されることが、税理士法第八条第一項第二号に出ています。

さて、このタイプの者は時折業界で、非難の矢面に立たされます。なぜなら、昔の大学院の学生はよく勉強したが、いつしか2代目の税理士希望者が免除を受けるために入学することが多くなり、質が低下したといわれているからです。それを物語る1つの指標として、税理士法ができた昭和26年当時の文科系の大学院の数は、わずか数十であったものが今や数十倍の何百単位となっています。

蛇足ではありますが、合理主義の徹底した訴訟社会の米国では、医学界も会計士（米国では会計士が税務もこなす）の世界も親が子に事業を継がせるようなケースは本当にレアなケースです。おそらく親からすれば墓場まで心配のタネを払拭しえないがためでしょう。この仕事は私情が絡めば命取りにもなりかねません。法の世界は非情です。自己弁護は許されません。

事実、子供に跡を継がせたケースで1代目が60半ばで黄泉の国へ旅立つケースを多く見かけます。やはりストレスと仕事への情熱やハリを喪失するためでしょう。

ストレスとはいうまでもなく初代が永年培ってきたイズムを、2代目が継承することにより宗旨替えをしなければならないことから生じるフラストレーションです。2代目は白紙の状態から新たな法解釈、経営方針を打ち立てていけばいいのでさほどストレスはありませんが、初代の宗旨替えは人生の哲学を道半ばで変更することに他ならず、思いの外ストレスのたまるものです。むろん個人差はあるにはあるでしょうが！

6　OB（天下り税理士）タイプ

ここでは先の試験免除者のうち、公務員出身者の特別試験合格者タイプについて記述していきましょう。

この制度は、昭和26年に認定制度が設けられ、そして昭和31年の法改正で特別試験に昇格したという経緯があるため特別試験合格者タイプともいいます（この制度は昭和60年までであり、昭和61年より変更となるが便宜上これを使っています）。

このタイプは検事出身あるいは裁判官出身の弁護士を除き、他の4つのタイプ、つまり試験合格者タイプ、試験免除者タイプ、弁護士タイプ、公認会計士タイプとはその性格を異にします。つまり4つのタイプの者は、その出身はすべて在野からの者ですが、この特別試験合格者タイプの者はすべて官公署出身の者といえます。ではこの特別試験合格者タイプの人がどのようにして税理士の資格を取得できるのか？　以下記述していきましょう。

まず先の試験合格者タイプのところで税理士になるためには『税法科目3科目』および『会計学科目2科目』の都合5科目について合格しなければならないと記しました。

■ OB税理士となるためには勤続年数が勝負

税務署他の官公署に勤務している人は、税理士法第八条によって税理士資格取得の条件が定められています。以下天下り税理士に該当する部分だけを抜粋します。

税理士法第八条 ① 次の各号のいずれかに該当する者に対しては、その申請により、税理士試験において当該各号に掲げる科目の試験を免除する。**第一号、第二号、第三号省略**

四 官公署における事務のうち所得税、法人税、相続税、贈与税、消費税若しくは酒税の賦課又はこれらの国税に関する法律の立案に関する事務に従事した期間が通算して十年以上になる者については、税法に属する科目のうち**国税に関するもの**

五 官公署における国税に関する事務のうち前号に規定する事務以外の事務に従事した期間が通算して十五年以上になる者については、税法に属する科目のうち**国税に関するもの**

六 官公署における事務のうち道府県民税（都民税を含む。）市町村民税（特別区民税を含む。）、事業税若しくは固定資産税の賦課又はこれらの地方税に関する法律の立案

に関する事務に従事した期間が通算して十年以上になる者については、税法に属する科目のうち**地方税に関するもの**

七　官公署における地方税に関する事務のうち前号に規定する事務以外の事務に従事した期間が通算して十五年以上になる者については、税法に属する科目のうち**地方税に関するもの**

八　第六号に規定する事務に従事した期間が通算して十五年以上になる者については、**税法に属する科目**

九　第七号に規定する事務に従事した期間が通算して二十年以上になる者については、**税法に属する科目**

十　次に掲げる者で、官公署における国税若しくは地方税に関する事務を管理し、若しくは監督することを職務とする職又は国税若しくは地方税に関する高度の知識若しくは経験を必要とする事務を処理することを職務とする職として財務省令で定めるものに在職した期間が通算して五年以上になるもののうち、国税審議会の指定した研修**（財務省令で定める要件を満たす研修のうち、国税審議会が税理士試験の試験科目のうち会計学に属する科目について前条第一項に規定する成績を得た者が有する学識と同程度のものを習得することができるものと認めて指定したものをいう。）**を修了し

た者については、**会計学に属する科目**

イ　第四号から第六号までに規定する事務に従事した期間が通算して二十三年以上になる者

ロ　第七号に規定する事務に従事した期間が通算して二十八年以上になる者

ハ　イに規定する期間を通算した年数の二十三分の二十八に相当する年数とロに規定する期間を通算した年数とを合計した年数が二十八年以上になる者

② 前項第一号又は第四号から第九号までに規定する職又は事務のうち、試験の免除科目を同じくする職又は事務の二以上に従事した者に対しては、それぞれ当該職又は事務についてこれらの号に規定する年数を十年とする割合により年数を換算してこれらの職又は事務の二以上に従事した期間を通算した場合に、その期間が十年以上になるときは、その申請により、税理士試験において当該科目の試験を免除する。この場合において、第一号又は第八号若しくは第九号に規定する職又は事務に従事した者については、当該職又は事務に従事した期間を税法に属する科目のうち国税に関するもの又は地方税に関するもののいずれかを免除する他の事務に従事した期間に通算することができるものとする。

■国税職員は普通23年勤務で税理士取得

以上が税理士法第八条のうち特別試験合格者タイプに関する抜粋部分です。

一度ざっと見たくらいではよく理解できませんが、基本的なところを要約すれば、以下のとおりです。まず、国家公務員についてですが、**第八条第一項第四号**は所得税や法人税等の法律の立案に従事した期間が10年以上になる者については『**税法に属する科目**』のすべてが免除されるというものです。同様に**第八条第一項第五号**は、立案以外の事務（ほとんどの国税職員がこれに該当する）に従事した期間が15年以上になれば『**税法に属する科目**』のすべてが免除されます。次に地方公務員についてですが、**第八条第一項第六号**は地方税の立案に従事した期間が10年以上の人は「地方税に関するもの」となっているため『2科目』が免除されます。しかし、**第八条第一項第八号**においては、この者が15年以上その職に従事した場合は『**税法に属する科目**』とされておりすべてが免除されます。また**第八条第一項第七号**は、地方税の立案以外の事務に従事した期間が15年以上の者は「地方税に関するもの」となっているため『2科目』が免除されます。しかし、**第八条第一項第九号**においては、この者が20年以上その職に従事した場合は、『**税法に属する科目**』とされておりすべてが免除されるのです。第八条第二項の規定については、大学の教授等の経歴もあり、また公務員の経歴もある、という人についての『税法に属する科目』についての免除規定です。

次に『**会計学に属する科目**』についての免除規定ですが、これについては**第八条第一項第一〇号**に出ています。

これについては国税に関する法律の立案者（第四号該当者）、一般の国税職員等（第五号該当者）、地方税に関する法律の立案者（第六号該当者）は、**従事期間が23年以上**経ち、このうち5年以上の管理職経験のある者については、国税審議会の指定した研修を受けることができ、研修を修了すれば『**会計学に属する科目**』が免除されることとなっています。

また、都道府県税事務所等に勤務している職員（第七号該当者）の場合は従事期間が28年以上経てば、やはり研修を受けることができ、修了すれば『**会計学に属する科目**』が免除されることとなっています。

以上が、国家公務員ならびに地方公務員についての免除規定です。

右のように税務署に23年間勤め上げれば税理士資格が手に入るわけでありますが、これは何も税理士に限ったことではなく、公務員であるというだけで一定年数勤めれば取得できる国家資格は他にもいっぱいあります。

法務省における**司法書士**、厚生労働省における**社会保険労務士**、地方公務員の方に目を向ければ**行政書士**といった具合に多く見られます。これは役人のみに付与された一種の特権といえるかもしれません。

ところでこの人たちの再就職先はいうまでもなく税理士稼業ですが、数十年前までの好景気の頃まではOB税理士も免許取得したての40歳頃に、国税職員を退職し独立するケースが多々ありました。いわゆる**途中退官組**と称される人たちのことです。

税務職員を退職すると大学の先生とか民間企業の引きもあるようですが、おおよそ8割がたの人は先輩の事務所を頼ったり、OB税理士が死亡した後釜に入ったりと、何らかの形で税理士を開業しているようです。

しかし、バブルが崩壊した頃からそういった途中で退職し、開業する者も徐々に減ってきたと思われます。特に昨今の傾向としては、不況と税理士過剰が相俟って、中途で退職し、開業しようにも生活のことを考えれば独立できる者はほとんどいないのが現状です。したがって、今は定年まで勤め上げる定年退職組が主流です。そうすると当然このタイプの者は高齢者が多いということが分かります。税理士の平均年齢を押し上げている一因でもあります。

OB税理士を選ぶ場合、注意すべきことは彼らは無試験であるため実務経験がモノをいうということです。つまり、署内のどのセクションで仕事をしてきたかということが大変重要なことといえます。税務署には法人税を扱う部署もあり、資産税を扱う部署もあり、間接税を扱う部署も、総務を扱う部署もあります。そして、グローバル化した昨今では国際税務を扱う部署もあります。今求めようとしているOB税理士は、どの出身畑であるかを知ることが肝要でしょう。もっとも、元税理士が資産税畑出身であった場合、その税理士が亡くなればその跡目に別のOB税理士が入ってくる傾向が多く見られます。ここでも注意が必要なのは、この後継OB税理士の経歴は前の資産畑出身であるとは限らず、法人税畑出身であったり、あるいは総務畑出身であったりするので注意すべきでしょう。

7　弁護士タイプ

読者の皆さんは「えっ何でここに弁護士さんが出てくるの？」と思うでしょう。そうなのです。第3までは本来の税理士とでもいいましょうか。しかし、次に出てくる公認会計士さんもやっぱり、弁護士さん同様税理士業務ができる仕組みになっています。ではまず弁護士から説明していきましょう。弁護士に対して**税理士資格が付与**されることは「税理士の資格」としての税理士法第三条の第二項第三号のところに出ています。また弁護士の職務という弁護士法第三条においてその第二項に次のように示されています。

２　弁護士は、当然、弁理士及び税理士の事務を行うことができる。

後で少し触れますが、何で弁護士が税理士業務も兼務できるのか少々腑に落ちない感じがしないでもありません。そこでちょっと弁護士になるための司法試験に目を通してみましょう。

司法試験法第二条（司法試験の方法等）　司法試験は、短答式（択一式を含む。以下同じ。）及び論文式による筆記の方法により行う。

２　司法試験の合格者の判定は、短答式による筆記試験の合格に必要な成績を得た者につき、短答式による筆記試験及び論文式による筆記試験の成績を総合して行うものとする。

司法試験法第三条（司法試験の試験科目等）　短答式による筆記試験は、裁判官、検察官又は弁護士となろうとする者に必要な専門的な法律知識及び法的な推論の能力を有するかどうかを判定することを目的とし、次に掲げる科目について行う。

一　公法系科目（憲法及び行政法に関する分野の科目をいう。次項において同じ。）

二　民事系科目（民法、商法及び民事訴訟法に関する分野の科目をいう。次項において同じ。）

三　刑事系科目（刑法及び刑事訴訟法に関する分野の科目をいう。次項において同じ。）

2　論文式による筆記試験は、裁判官、検察官又は弁護士となろうとする者に必要な専門的な学識並びに法的な分析、構成及び論述の能力を有するかどうかを判定することを目的とし、次に掲げる科目について行う。
一　公法系科目
二　民事系科目
三　刑事系科目
四　専門的な法律の分野に関する科目として法務省令で定める科目のうち受験者のあらかじめ選択する一科目
3　前二項に掲げる試験科目については、法務省令により、その全部又は一部について範囲を定めることができる。
4　司法試験においては、その受験者が裁判官、検察官又は弁護士となろうとする者に必要な学識及びその応用能力を備えているかどうかを適確に評価するため、知識を有するかどうかの判定に偏することなく、法律に関する理論的かつ実践的な理解力、思考力、判断力等の判定に意を用いなければならない。

司法試験法第四条（司法試験の受験資格等）　司法試験は、次の各号に掲げる者が、それぞれ当該各号に定める期間において、三回の範囲内で受けることができる。
一　法科大学院（学校教育法（昭和二二年法律第二六号）第九九条第二項に規定する専門職大学院であつて、法曹に必要な学識及び能力を培うことを目的とするものをいう。）の課程（次項において「法科大学院課程」という。）を修了した者　その修了の日後の最初の四月一日から五年を経過するまでの期間
二　司法試験予備試験に合格した者　その合格の発表の日後の最初の四月一日から五年を経過するまでの期間
2　前項の規定により司法試験を受けた者は、その受験に係る受験資格（同項各号に規定する法科大学院課程の修了又は司法試験予備試験の合格をいう。以下この項において同じ。）に対応する受験期間（前項各号に定める期間をいう。以下この項において同じ。）においては、他の受験資格に基づいて司法試験を受けることはできない。前項の規定により最後に司法試験を受けた日後の最初の四月一日から二年を経過するまでの期間については、その受験に係る受験資格に対応する受験期間が経過した後であつても、同様とする。

司法試験法第五条（司法試験予備試験）　司法試験予備試験（以下「予備試験」という。）は、司法試験を受けようとする者が前条第一項第一号に掲げる者と同等の学識及びその応

用能力並びに法律に関する実務の基礎的素養を有するかどうかを判定することを目的とし、短答式及び論文式による筆記並びに口述の方法により行う。

2　短答式による筆記試験は、次に掲げる科目について行う。

一　憲法

二　行政法

三　民法

四　商法

五　民事訴訟法

六　刑法

七　刑事訴訟法

八　一般教養科目

3　論文式による筆記試験は、短答式による筆記試験に合格した者につき、次に掲げる科目について行う。

一　前項各号に掲げる科目

二　法律実務基礎科目（法律に関する実務の基礎的素養（実務の経験により修得されるものを含む。）についての科目をいう。次項において同じ。）

4　口述試験は、筆記試験に合格した者につき、法的な推論、分析及び構成に基づいて弁論をする能力を有するかどうかの判定に意を用い、法律実務基礎科目について行う。
5　前三項に規定する試験科目については、法務省令により、その全部又は一部について範囲を定めることができる。

またこれらに関連のある部分についての司法試験法施行規則について記述しておきます。

司法試験法施行規則第一条（法務省令で定める試験科目）　司法試験法（以下「法」という。）第三条第二項第四号の法務省令で定める科目は、次に掲げる科目とする。

一　倒産法
二　**租税法**
三　経済法
四　知的財産法
五　労働法
六　環境法
七　国際関係法（公法系）

八　国際関係法（私法系）

司法試験法施行規則第二条（試験科目の範囲）　法第三条第三項の規定に基づき法務省令により定める範囲は、短答式による筆記試験の民事系科目及び論文式による筆記試験の民事系科目について、商法（明治三二年法律第四八号）第三編海商に関する部分を除いた部分とする。

これらの条文から察するに、司法試験において税理士として仕事をする上で関連する試験科目は、選択科目として辛うじて概論的な租税法があるに過ぎない、といえます。とはいえ、現時点においては弁護士も税理士業務をおおっぴらに行えることに変わりはありません。しかし、この場合弁護士が実際に税理士業務を行うためには一応国税局長に通知しなければならないことになっています。

■ 通知弁護士とは？

税理士法第五一条（税理士業務を行う弁護士等）　弁護士は、所属弁護士会を経て、国税局長に通知することにより、その国税局の管轄区域内において、随時、税理士業務を行うことができる。**第二項**及び**第四項**は省略

③　弁護士法人（弁護士法に規定する社員の全員が、第一項の規定により国税局長に通知している法人に限る。）は、所属弁護士会を経て、国税局長に通知することにより、その国税局の管轄区域内において、随時、税理士業務を行うことができる。

税理士法施行規則第二六条（税理士業務を行う弁護士等の通知）　法第五一条第一項又は第三項の規定により税理士業務を行おうとする弁護士又は弁護士法人は、これらの項の規定により税理士業務を行う旨を記載した書面を、所属弁護士会を経由して、当該税理士業務を行おうとする区域を管轄する国税局長に提出しなければならない。

2　国税局長は、前項の書面を受理したときは、当該書面を受理したことを証する書面を同項の書面を提出した弁護士又は弁護士法人に交付しなければならない。

このように弁護士は弁護士本来の弁護士業務の他、管轄国税局長に通知することにより税理士業務を兼務できることが分かります。これを**通知弁護士制度**と呼んでいます。しかし、現実には弁護士業務と税理士業務ではかなり内容が異なるので、多くの弁護士は税理士と組んだり協調し合って業務をこなしているケースがポピュラーであると仄聞します。何しろ税法は他の法律とは桁外れに改正の多い分野であるため、日々研鑽しなければやっていけない職種だからです。

ところでこの制度については、以前からいろいろと論議のあるところでありますが、最近の財務省の見解を記述しておきましょう。

平成20年末に内閣府が募集した「規制改革要望」における「士業業務の規制撤廃」に関する財務省の見解です。まず、**「士業の独占業務の撤廃」**については以下のとおりです。

「これは何も税理士に限らず他の所管官庁でも同様の回答をしていますが税理士業務等の士業業務の独占性を撤廃すれば誰でも士業業務に関わることができます。だがその場合行政庁の監督が及ばないばかりか能力不足の者が専門業務を行うことになりそのリスクは誰が負うかという問題が生じてきます。おそらく社会あるいは経済に少なからず混乱をきたすであろう。これらの観点から独占業務撤廃に『NO』という判断を下したのです。」

しかし、この問題については別の問題が派生したのです。

つまり、財務省のいう士業の独占業務撤廃否定の根拠が「専門性」にあるというなら、弁護士や公認会計士であれば税理士業務ができるのは何ゆえか？　という「自動付与制度」の問題です。この問題についての財務省の回答は「弁護士や公認会計士に対する『資格付与制度』は弁護士や公認会計士の能力からすれば十分合理性がある。」との見解です。

（税理士新聞　第1264号　平成21年4月5日号を要約）

しかし、現実には税理士業務をしている弁護士は多くはいません。わたしが考えるに、それには2つの要因があるように思えます。

1つは103条しかない憲法において、その解釈適用でも重要な役割を果たす条文が2つもあるということです。1つは三〇条の**「納税の義務」**でありもう1つは八四条の**「租税法律主義」**です。この2つの条文はいかに税金が重要であるかを物語っています。

あと1つは税法は経済事象あるいはその時の政権政党によってコロコロ改正されるという複雑さです。これは他の多くの法律には例のないことです。つまり、六法はそう度々改正されることはありませんが、税法はそれこそ少し大げさにいえば、毎年電話帳ほどの量もの改正があるということです。それに加え「通達行政」といわれるようにその法改正に応じてこれまた膨大な通達が出されるためです。決して片手間でやってやれる仕事ではないといえます。

これら2つのことが、弁護士に税理士業務を行うことをためらわせている要因ではないかと推察されます。

一方、昨今はわが国も個人の権利を主張する社会にシフトしてきているようでもあり、税務の世界も例外ではありません。

中でも平成元年に新設された消費税についての訴訟件数は、飛躍的に伸びているようです。

税務争訟が数多く日常的になれば法廷のプロである弁護士の出番も多くなるかもしれません。

8　公認会計士タイプ

このタイプも先の弁護士タイプ同様**「資格付与制度」**のタイプといえます。

つまり、このタイプが税理士業務をやっているのは公認会計士の身分でしているのではなく、税理士会に登録してこの業務をしているといえます。

弁護士同様に、公認会計士に対しても税理士資格が付与されることは、税理士の資格としての税理士法第三条の第一項第四号に出ています。

では弁護士のときのように試験内容に目を転じてみましょう。

公認会計士法第五条（公認会計士試験の目的及び方法）　公認会計士試験は、公認会計士になろうとする者に必要な学識及びその応用能力を有するかどうかを判定することをその目的とし、第八条に定めるところによって、短答式（択一式を含む。第八条及び第九条において同じ。）及び論文式による筆記の方法により行う。

公認会計士法第八条（公認会計士試験の試験科目等）　①**短答式による試験**は、次に掲げる科目について行う。
一　財務会計論（簿記、財務諸表論その他の内閣府令で定める分野の科目をいう。以下同じ。）
二　管理会計論（原価計算その他の内閣府令で定める分野の科目をいう。以下同じ。）
三　監査論
四　企業法（会社法その他の内閣府令で定める分野の科目をいう。以下同じ。）
②　**論文式による試験**は、短答式による試験に合格した者及び次条の規定により短答式による試験を免除された者（試験科目の全部について試験を免除された者を含む。）につき、次に掲げる科目について行う。
一　会計学（財務会計論及び管理会計論をいう。以下同じ。）
二　監査論
三　企業法
四　租税法（法人税法その他の内閣府令で定める分野の科目をいう。以下同じ。）
五　次の科目のうち受験者のあらかじめ選択する一科目
イ　経営学

ロ　経済学
ハ　民法
ニ　統計学
③　前二項に規定する試験科目については、内閣府令で定めるところにより、その全部又は一部について範囲を定めることができる。
④　公認会計士試験においては、その受験者が公認会計士となろうとする者に必要な学識及び応用能力を備えているかどうかを適確に評価するため、知識を有するかどうかの判定に偏することなく、実践的な思考力、判断力等の判定に意を用いなければならない。

以上が公認会計士法の『公認会計士試験等』の抜粋部分ですが、このように公認会計士の試験に出てくる税金科目は、論文式による試験で租税法がわずかに顔を覗かせている程度です。

先の弁護士のところでも記述しましたように、公認会計士も税理士業務を兼務できるということから、公認会計士の方が上で税務にも強いのではという印象を抱くかもしれません。

たとえば建設業界や自動車整備業界の世界において1級、2級というのがあります。これと同様に1級建築士が公認会計士であり、2級建築士が税理士であるかのごとく認識し、公認会計士の方が税務においてもワンランク上といった風に考えている人もいます。

しかしこの判断は間違っています。

■監査業務と税理士業務はそもそも異質なもの！

もともと公認会計士の本業である監査業務と税理士が行う税理士業務とは、まったく異質なものです。少々ユーモアまじりですが、ある意味両者はまったく正反対といえるかもしれません。つまり投資家保護の監査業務は粉飾決算に注意を注ぎますが、税理士業務は逆粉飾（これも粉飾決算の一種）に注意を注がねばならない職種のためです。

公認会計士の本来の仕事は大会社の株式公開に伴う監査報告書の作成が主眼です。つまり大企業の財務内容を、一般投資家に判断を誤らせないように正しく知らしめるということです。

これに対し、税理士の本来の仕事は納税者（クライアント）から委任を受けて税務関係全般について代理するということです。

しかし、共通しているところは公認会計士の本来の監査証明業務（財務諸表監査）も、税理士の本来の税理士業務のいずれもそれぞれの独占業務となっていることです。

公認会計士の本来の仕事……監査証明業務
税理士の本来の業務………税務代理業務

ところで、両者の違いは試験内容においても顕著です。公認会計士は論文式で税法が顔を出す程度ですが、税理士試験は税法そのものであり、ずっと専門的になっています。

もっとも、公認会計士の資格者も窮屈な監査法人には入らずに、税理士業務の世界だけしか知らない者が約半数いるというのが実態のようです。

ところで、公認会計士が税理士業務を行う場合の報酬の請求ですが、どのような基準でやるのでしょうか？　少々気にかかるところです。

と、いいますのは公認会計士業務は「報酬を得て云々…」と公認会計士法第二条にありますように有償となっていますが、税理士は一応無償独占業務となっています。

つまり、本業では商売という色彩の濃い業種である一方、税理士業務は商人とはなっていないのです。しかし公認会計士は税理士を付与されています。

では税理士業務をやる場合の報酬設定基準は？

気持ち的には本業としての商売的感覚から高い設定をしているのか？　気がかりなところです。しかし先にも記したように公認会計士の免許は持っていますが監査業務を一度もしたことのない人が半数もいます。

この人たちは**5科目もある税理士試験**を受けるより**一発勝負の公認会計士試験**にかけ、それにパスすることにより、窮屈な監査法人より一国一城の主におさまろうといった考えの持ち主といえます。この手の人には2世も多いようです。

この人たちは監査業務をしているわけではありませんので、公認会計士とはいえ税理士報酬基準一本で設定しているといえます。

いずれにしろ、現在のところ法的には先の弁護士もここでの公認会計士も、税理士資格は自動的に付随してついてくるといえます。

以上5つのタイプの税理士について書いていきましたが、人それぞれで異論反論あるかと思われます。しかし、大局的見地から見た場合、わたしはこれはこれで大変いいことだと思っています。1つのタイプの税理士ではそれこそ金太郎飴のように1つに偏って解釈の多様性もなくなり、面白くも何ともないばかりでなく、経済の活性化にもつながらないというものです。

なお、平成13年税理士法の改正により**「税理士法人制度」**が新たに設立されました。これは複数の税理士で構成される税理士の法人のことです。

図表2-5　正規の税理士へのいろいろなパターン

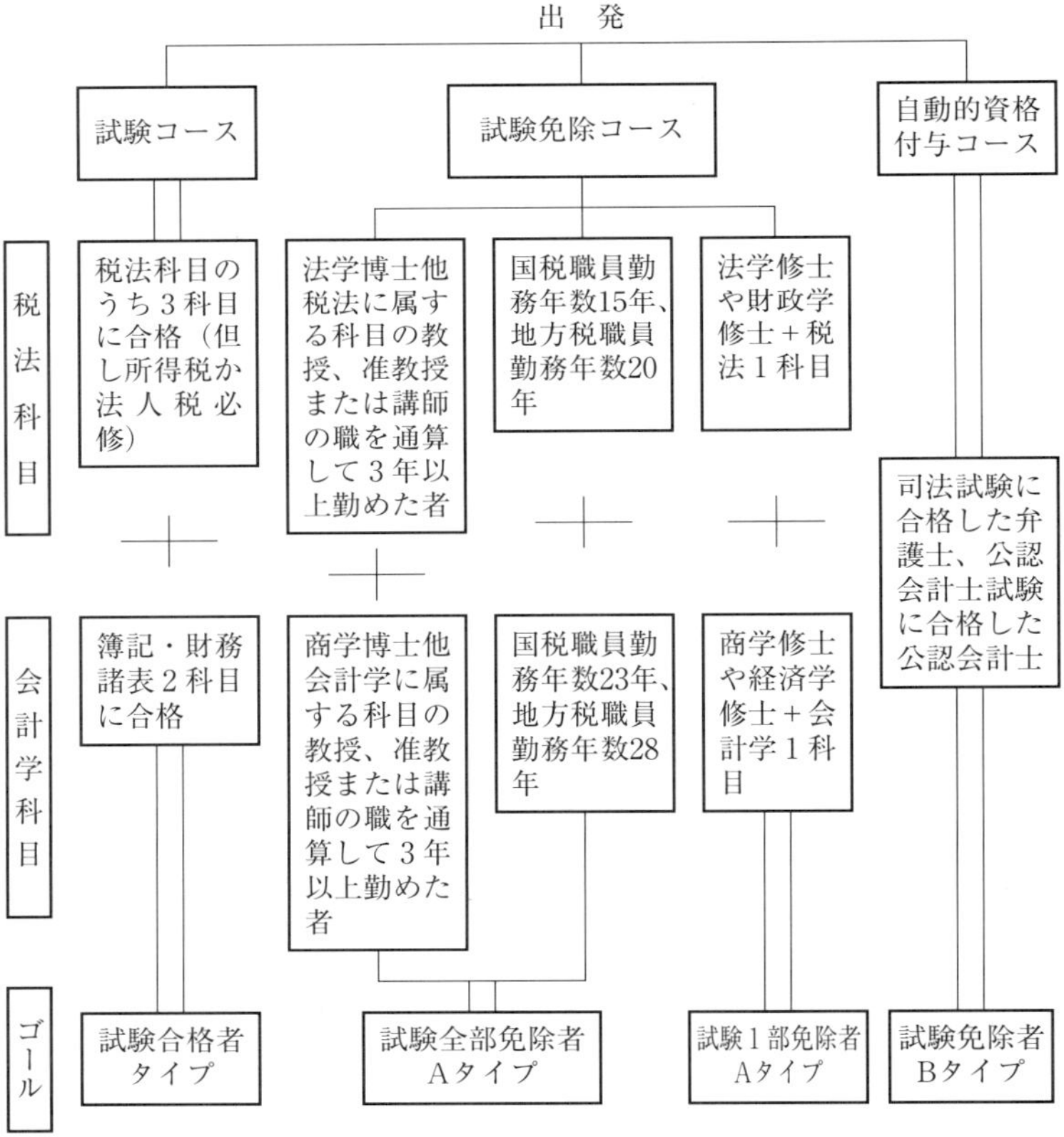

この多彩な経歴に加え各人の思考、行動パターンがそれぞれ異なります。税理士業界は寄り合い世帯の典型ともいえます。

⑨　臨時税理士…商工会、商工会議所、農協、漁協、事業協同組合

さて、これまでは正規の税理士について説明してきましたが、ここではある一時期臨時的に税理士行為を許される者、あるいはある事情で小規模の企業に限定し、税理士業務をしている団体等について説明していくこととします。

この団体の人たちは通常、**個人の所得税**について行っています。

さて、先に【税理士業務は独占業務とされていますから税理士でないとできない】と記しましたが、これについては唯一**例外規定**があります。それが税理士法第五〇条の規定です。

税理士法第五〇条（臨時の税務書類の作成等）　国税局長（地方税については地方公共団体の長）は、租税の申告時期において、又はその管轄区域内に災害があった場合その他特別の必要がある場合においては、申告者等の便宜を図るため、税理士又は税理士法人以外の者に対し、その申請により、二月以内の期間を限り、かつ、租税を指定して、無報酬で申告書等の作成及びこれに関連する課税標準等の計算に関する事項について相談に応ずることを許可することができる。ただし、その許可を受けることができる者は、地方公共

団体の職員及び公益社団法人又は公益財団法人その他政令で定める法人その他の団体の役員又は職員に限るものとする。

右のその他政令で定める法人…については、税理士法施行令第一四条に出ています。

税理士法施行令第一四条（臨時の税務書類の作成等を許可する役職員の属する法人その他の団体） 法第五〇条第一項ただし書に規定する政令で定める法人その他の団体は、農業協同組合、漁業協同組合、事業協同組合及び商工会とする。

このように「3月等の税金の繁忙期で特別に必要があるときには国税局長は商工会等の役職員に対し2ケ月という期間を限定し、かつ租税の種類を指定して無報酬で申告書等の作成などができることを許可することができる」というものです。

そしてこれができる者として農業協同組合、漁業協同組合、事業協同組合、商工会等の職員に限定しています。

ところでこの商工会等において臨時税理士が作成できる申告書等の範囲はどの程度までなのでしょうか？

図表2-6　10種類の所得税

8　山林または山林伐採による所得 **山林所得**	1　銀行預金の利子や公社債等に関わる所得 **利子所得**
9　一時恩給や退職金をもらった時の所得 **退職所得**	2　法人の利益配当や剰余金の分配等による所得 **配当所得**
10　公的年金等上記のいずれにも該当しない所得 **雑所得**	3　不動産（アパート等）他の貸付による所得 **不動産所得**
所得税 1　個人に対して係る税金 2　基本的に1月1日から12月31日までの間に発生した所得に掛かり、1人で数種類の所得がある場合にはすべての所得を計算して申告します。 3　個人の所得というのは窃盗であろうがバクチで稼ごうが課税されます。	4　農・漁業、小売・サービス業他から生じる所得 **事業所得**
	5　給料、賃金、歳費および賞与等に係る所得 **給与所得**
	6　土地、建物や株式等を売った時に係る所得 **譲渡所得**
	7　生命保険契約等に基づく一時金他に係る所得 **一時所得**

これにつきましては『商工会の役職員に対する臨時の税務書類の作成等の許可について』における文中別紙『税理士法施行令第一四条中「商工会」に関する了解事項』において

①　商工会と最寄りの税理士事務所との距離がおおむね20キロを超えていること。

②　税目は申告所得税に限定し、期間も確定申告時期の2ケ月以内に限られています。

そして3番目にその規模ですが、商工会の継続記帳指導を受けている者で特典控除前の所得金額が400万円以下の者となっています。

所得金額とは、たとえば役務（サービス）

を提供する業者であれば「総収入金額－必要経費＝所得金額」となります。

また物品販売業等では「売上－仕入－販売費及び一般管理費＝所得金額」となります。

もっとも400万円以下となっていますが、この所得金額についての解釈は硬直的なものではなく、かなり弾力的に取り扱われているようです。

なお、次に記述する**青色申告会**についてもこの解釈については同様です。

10　青色申告会

青色申告会という看板は、各税務署のある付近でよく見かけます。

一言でいえば**個人の所得税**（主として事業所得税）における青色申告を全国に広げることを目的とする任意団体である、といえます。先の臨時税理士同様、会社の税金はせず、個人の所得税のみをする団体です。活動拠点は自前の青色申告会館を所有している所もありますが、その多くは商工会議所会館や商工会館に間借りしているのが現状です。

ところで、わが国に青色申告制度が誕生したのが昭和24年のことですが、青色申告会ができたのもこれと同じ年です。

■青色申告会が税理士業務をできるのはなぜ？

では、青色申告会がなぜ税理士業務ができるのかについての根拠を次に示しましょう。
それは、「税務支援の実施に関する規則」というのがその根拠になっているようです。

税務支援の実施に関する規則第二条（対象者）　税務支援の対象者は、税理士又は税理士法人（以下「税理士等」という。）が関与していない納税者で、次の各号に該当する者とする。

(1)　小規模納税者

(2)　前号以外の者で、本会が、税務支援を必要と認める者

税務支援の実施に関する規則第三条（税務支援の範囲）　税務支援として実施する業務は次の事務とする。

(1)　税務に関する相談

(2)　記帳及び決算に関する相談

(3)　税務書類作成に関する相談

(4)　前各号に係る電子申告に関する相談

■青色申告会ができる税理士業務の金額的な範囲は？

税務支援実施に関する細則第二条（対象者の範囲） 規則第二条第一号に規定する小規模納税者は、事業所得者、不動産所得者及び雑所得者（年金受給者を除く。）で、次に掲げる者とする。

(1) 前年分所得金額（専従者給与控除前又は青色特典控除前）が300万円以下の者

(2) 前号に定める者が消費税の課税事業者である場合は、基準期間の課税売上高が3000万円以下の者

2 規則第二条第二号に規定する対象者は、次に掲げる者とする。

(1) 給与所得者及び年金受給者で、本会が税務指導を必要と認める者

(2) 前号以外の者で、本会が、地域の実情その他を考慮して税務指導を必要と認める者

これらのことから青色申告会で記帳、決算、申告等の行える範囲は、前年の所得金額が原則として300万円以下の者ということになります。

もっとも300万円以下となっていますが、商工会のところでも記述しましたように、この所得金額についての解釈は硬直的なものではなく、かなり弾力的に取り扱われている

ようです。

11　ニセ税理士について

先の商工会や商工会議所、あるいは青色申告会のことを業界では**「税務関係団体」**などと呼んでいますが、税理士法第五〇条にその根拠規定があることはいうまでもありません。が、これから記述するニセ税理士は、税理士の資格がないにも関わらず税理士業務を公然と、いや秘密裏に行っている者たちです。

税理士法第五二条においては税理士業務の制限として「税理士又は税理士法人でない者は、この法律に別段の定めがある場合を除くほか、税理士業務を行つてはならない。」と規定されております。そしてこの行為を行った者の罰則規定としましては、税理士法第五九条において「二年以下の懲役又は百万円以下の罰金に処する」となっています。

■　百鬼横行ニセ行為、しかし何処からがニセなのか？

しかし、この税理士行為は一向に減らないといわれています。風説によりますと税理士の数に近いともいわれています。これはすこし大げさであるとしてもかなりの数であることは間違いありません。税理士会の綱紀監察部というところで、いろいろと情報集めしたり探索しているようですが、イタチごっこで終始しているようです。これはよほどの金額か悪質さがなければ、摘発はおろか俎上にすら上がってきません。グレーゾーンが多すぎるからです。税理士業務自体が非常に重要な仕事ですけど、職務内容的には弁護士業務のように本人が法廷に出廷しなければ勤まらないような仕事でもなく、また医者のように一つ間違えば生命に関わるような仕事でもありません。これの例をあげれば、税理士も一つ噛んだ名義貸しによるニセ税理士行為というものがあります。

ニセ税理士が決算を組み、申告書を作成するのですが、肝心の署名欄や委任状はホンモノの税理士がやるといった行為です。共同正犯となりかねません。一説によるとこの両者の取り分は3対7であったり4対6であったりということです。

この場合、**貸し手**は税理士会に登録してはいますが、会社勤めの税理士、あるいはあまり顧客をかかえていない実務に積極的ではない税理士、中には立派に看板を掲げ開業している税理士もいると聞きますが、こうなれば線引きがかなり難しくなってきます。

そして**借り手**は元会計事務所に勤務していた経験はありますが、税理士資格を取得できないまま退職した者。あるいは会計事務所に勤めてはいますが、所長に内緒で、つまり昼と夜の顔を使い分けてコツコツと副収入稼ぎに精を出している者といったところが一般的のようです。

他業種の士がニセ行為に走る例

次に別の士業の免許は持っていますが、税理士免許を持たずに税理士業務をこなしている者です。

社会保険労務士や行政書士といった者が、こういった行為をしているのに出くわすこともあります。もっとも行政書士は法人税や所得税についての税理士業務はできませんが、ある種の税については税務書類の作成は許されています。

税理士法第五一条の二（行政書士等が行う税務書類の作成）　行政書士又は行政書士法人は、それぞれ行政書士又は行政書士法人の名称を用いて、他人の求めに応じ、ゴルフ場利用税、自動車税、軽自動車税、自動車取得税、事業所税その他政令で定める租税に関し税務書類の作成を業として行うことができる。

税理士法施行令第一四条の二（行政書士が税務書類の作成を行うことができる租税）

法第五一条の二に規定する政令で定める租税は、石油ガス税、不動産取得税、道府県たばこ税、（都たばこ税を含む。）、市町村たばこ税（特別区たばこ税を含む。）、特別土地保有税及び入湯税とする。

ところでこれらの者が申告書の提出をする場合決まって申告書の署名欄は空白です。名義貸しの場合のようにホンモノの税理士がいないためです。そうすると後日、その納税者に税務調査が入った場合に困ることになります。まさかニセ税理士が調査の立会いに同席するわけにもいきませんから、税務当局の独断場ということになり、がっぽりと持っていかれることになるでしょう。

これを『**更正**』といい、申告書の提出をしていなかった場合に否認されるのを『**決定**』といいます。

ただ、本音をいえばニセ税理士が横行する大きな要因の1つに、正規の税理士があまりにも多様化しているため、中には本物の税理士よりずっと租税に精通している者がいるといった世界でもあるためです。税理士会でも綱紀監察がニセ税理士を摘発してはいますが、どうもイタチごっこといった状況らしいです。わたしは大阪に何人かの経営者の知り合いがいますが、どの人も悪びれる様子はなく異口同音に「わたしの頼んでいる税理士は全ての科目に合格している人ではない」といいます。大阪という地域は随分と変わった土地がらであると首をかしげるのですが、どうも金銭が安いというのが1つの魅力となっているようです。浪花というところはニセであるとか正規であるとかにはあまり頓着せずに、安くてそこそこ仕事をしてもらえればそれでいいといった気質の街なのかもしれません。『法律的にはよくないですよ』といいますが、彼らは笑ってあまり意に介さないといったのが実態です。ところで現在わが国においては、株式会社他、公益法人やＮＰＯ法人等々を含むと約４００万社ほど存在するといわれていますが、そのうち何らかの形で正規の税理士が関わっているケースは約半数の２００万社であるといわれています。おそらくニセ税理士がかなりの数関与しているものと思われます。

図表2-7　税理士業務を行える者とニセ税理士行為

オールラウンド・プレーヤーとして税理士業務ができます。

正規の税理士（5つのタイプの税理士）

※独占業務となっているため、上記の者以外の税理士業務行為は厳しく罰せられます。

税目を限定して業務ができます

行政書士は、ゴルフ場利用税・自動車税・軽自動車税・自動車取得税・事業所税他、税目を限定してそれらの書類を作成できます。

税目あるいは期間を限定して業務ができます。

農協・漁協・事業協同組合・商工会議所・商工会等が期限を限定して税務書類を作成できる臨時税理士制度、あるいはある一定の所得金額までの所得税の書類作成が認められている**青色申告会等**の例外が認められています。

事業所得税が税の大半のようです。

毎月3月15日の確定申告期限少し前に全国の税務署に【集団申告】する**民主商工会**は法律上どうなっているか分かりませんが税務の仕事も行っています。その根拠とするところは憲法21条の結社（団結権）ということか？

違法行為。納税者も後日甚大な被害を受けるおそれがあります。

その他の者が行う税理士業務行為（**ニセ税理士行為**）
元あるいは現役の会計事務所職員や行政書士（上記行政書士が行える税目を除く）社会保険労務士等の者が報酬をもらって税理士業務を行うケース。
※100万円以下の罰金あるいは2年以下の懲役に処せられます。

第二編　頭のいい税理士の選び方

複雑な顧問報酬について分かりやすく解説するとともに、どのような税理士を選ぶのが利口かについて分かりやすく解説。

第3章　顧問報酬についてのお話

1　報酬規定生成の沿革

第一編においては、税理士業務は税理士だけに付与された独占業務であること、また現在税理士業務を行える様々なタイプの者、あるいは法を犯してまでその業務を行っているニセ者等々について記述してきました。

ところでなぜ、税理士業務の仕事が増え、色とりどりの税理士の活躍の場が多くなってきたかと申しますと、戦後の昭和22年を境に税金の徴収方法が一変したからです。

それまでは納める税金の額は行政機関の処分で確定する『賦課課税方式』でしたので税理士（以前は税務代理士と称されていた）の出る幕は少なかったのですが、それが原則的には納税者の判断により税額が確定するという『申告納税方式』にシフトしたため、一気

図表3-1　納税制度の一大転換

納税制度（昭和22年を境に一変）

賦課課税制度

☆　税務官庁が納付税額を決定して課税する制度。固定資産税、自動車税、個人の住民税等々がこの範ちゅうに入ります。

☆　昭和 22 年より主要な税目は下記の申告納税制度へとシフトします。

⇩

申告納税制度

☆　自分の所得は納税者自身がもっともよく知る立場にあるため納税者本人が自己の責任において所得金額や税額を計算し申告納税するという制度。所得税、法人税、相続税、贈与税、消費税、酒税等々主要な国税はすべてこの範ちゅうに入ります。

☆　これに伴って税理士業務の需要が増大します。そこで昭和 26 年 6 月 15 日に税理士法ができます。これをきっかけに税理士が一躍脚光を浴びる存在となるのです。

に仕事量が増えてきたのです。

やはり『モチはモチ屋』ということで、難しい税金のことは専門家にまかせようという経営者が多くなってきたためです。

日本の台所事情は決して豊かではありません（超財政赤字）が、それでも彼らは彼らなりに財政が好転するように日々税務と取り組み、歳入面において奮闘努力しているのです。

経営者（クライアント）はどの程度のお金を払うのが妥当な線なのでしょうか？

さて、ではこの編においてはその税理士たちに仕事（税理士業務）を依頼する場合、いったいどれ位の金銭（顧問料あるいは顧問報酬という）を支払えばいいのか？　ということについて述べていくこととします。ズバリ**おカネ**にまつわる問題です。大いに参考にしていただきたいものです。

前編においては、正規の税理士の他に、商工会や青色申告会といった臨時的であったり小規模な納税者を対象とする団体あるいは無資格者のニセ税理士行為をしている者について説明しました。中でも5つのタイプの正規の税理士については、かなり紙面をさいて詳しく説明したつもりです。

ところで、これから説明していくことは、これらの税理士業務をしている者たちに経営者あるいは納税者の方々は、どれほどの金銭を支払えば自分の満足のいく仕事をやってもらえるかどうか、ということです。

この場合、この人たちも士業であるからといってボランティアでやっているわけでは決してありません。江戸時代においては「武士は食わねど高楊枝」などとやせ我慢をはった者もいるにはいましたが、昨今のように世知辛い世の中では生活しなければならず、そうもいっておれません。やはり手間賃（顧問報酬）は頂くことになっています。なぜこのような分かりきったことをいうかと申しますと、世の中広いもので中には税金のように権利（たとえば土地の所有権登記のような権利）ではなく義務（納税の義務は国家の3大義務の1つ）になぜ費用を出さなければならないのか？　といった理屈で真面目に疑問を抱くお方が意外と多いためです。

余談はこれぐらいにして、正直いって人間の欲にはきりがありませんから100パーセント満足のいく税理士に出会うことはまれであり、一定の線でよしとしなければなりません。

納税者（委嘱者）が税理士を見つけようとする場合、売り手（税理士）と買い手（納税

図表3-2　本書が対象とする会社のイメージ

	会社の現況	会計（経理）の現況
第一段階	☆　法人設立後数年間。 ☆　社員数も5名程度です。 ☆　節税に重点を置く傾向。 ☆　400万社程度あるわが国の法人の中でもこの種の規模が圧倒的な数となっています。	☆　帳簿づけをする者はいないか、いてもせいぜいパートや社員が1人か2人いる程度。あるいは配偶者が帳簿をつけているケースが多いようです。
第二段階	☆　会社も十数年経ち中堅企業に成長しています。 ☆　社員数も4、50名程度にまでなっています。 ☆　ある程度、会社組織としての体を持ちます。 ☆　節税よりも経営分析、労務管理、金融等々社長の悩みを聞いてもらうことを求めます。	☆　経理課に1人ないし複数名の経理社員がいます。 ☆　曲がりなりにも内部統制組織らしきものができています。
第三段階	☆　順風満帆、益々成長し、株式公開会社への道をまっしぐらといったところです。 ☆　社員数は数百人以上になっています。	☆　経理担当の役員が社内にいます。 ☆　経理部には税理士や公認会計士に匹敵する職業経理マンがいることもあります。

者）が見事にマッチすればいいのですが、極端なミスマッチだってありうるでしょう。その場合にはどうやって乗りきろう？　どうやって好転させればいいのだろう？　解消の手立ては？　納税者の悩みは尽きないでしょう。

前編においては様々なタイプの税理士について触れてきましたが、納税者の皆さんははたしてどのタイプの者を願っているのでしょうか。そして、その場合どの程度の報酬を払えばいいのでしょうか？　といった疑問について記述していくのがこの編での目的です。

仕事を頼む者（納税者）とそれを引き受ける者（税理士等）との間でもっとも重要なことは、人間関係であり信頼関係であることに誰も疑う者はいません。しかしここではそのことについてあまり触れません。なぜなら本書は両者の思惑である顧問報酬に主眼を置いているためです。

この両者の関係をスムーズに進めるためには、両者を橋渡しする**顧問報酬**について説明しておくことが後々理解しやすいのではないかと思いますので、次にその沿革を記述します。

その後、現在はありませんが従来1つの報酬基準として存在していた『税理士業務報酬規定』について説明していくこととします。

その前にこれから話を進めていく上で特に重要なことに、会社の規模ということがありますが、本書において対象とする会社の規模は図表3―2の第一段階および第二段階とし、あとは個人事業者です。

2　税理士の顧問報酬はどうやって決められるのか？

戦前には税務代理士という制度がありましたが、昭和26年に税理士法が誕生したときにこの法律は廃止されました。

ところで税理士業務は条文上公認会計士の業務のように「報酬を得て云々」という文言にはなっていませんが、報酬を得てその業務を行うことに変わりはありません。

この頃の税理士報酬についての上限は、実は国税庁長官が決めており、どちらかといえば行政主導のものでした。

その後行われた昭和55年の税理士法改正において、はじめて税理士会主導の「税理士業務報酬規定」が制定されました。

趣旨解釈として「この規定は本会が税理士の業務に対する報酬の**最高限度額**に関する規定を定めたものである」とし、顧問報酬額のオーバーラインを示したものです。

では、そもそもこの規定を作った意義ですが、税理士の立場からすれば第一に正常な税理士業務という公共的な役割を果たす上においては、一定の金銭的保障がなされていなければならないとする点です。そして第二にそれとは対置的に納税者保護という観点より税理士からは不当な利益追求をされなくて済むといった点です。

しかし、現実的にはこの『顧問報酬額』は実にやっかいな文言で、特に「月額顧問料」というと納税者からすれば「一括おまかせ料」といった認識ですが、それは時に税務のみに関してであったり、あるいは税務会計まで含んだものであったり、あるいは記帳まで包含した税務会計全般に及ぶものであったりと一様でないため、しばしば両者の間に誤解を生むトラブルの原因となることもあると仄聞します。

3　税理士は商人ではない！

無償独占業務である税理士が報酬を得られる根拠規定とは？

税理士法第二条においては「税理士は、他人の求めに応じ、租税に関し税務代理、税務書類の作成、税務相談の事務を行うことを業とする」とあり公認会計士法にあるような「報酬を得て云々」という文言にはなっていません。つまり公認会計士の場合はしっかりと「報酬を得て」業務をするということが明定されているのに対し、税理士は「報酬を得て」という文言にはなっていないということです。このことからも公認会計士とは比較にならないほど公共性の強い業種であるということが推察できます。

ちなみに六法全書でも税理士法は公法に分類されていますが、公認会計士法は民事法・産業法のカテゴリーに属しています。

この報酬を得て、ということについては平成14年3月31日までは税理士法第四九条の二第二項第七号において**「報酬の最高限度額に関する規定を会則に定めること」**とされていたので、あからさまに「報酬を得て」という文言にはなっていませんでしたがそれが報酬を請求できる根拠規定となっていたのは事実です。

しかし、その規定がなくなってからは、商法あるいは民法にその根拠を求めることになります。

まず商法上からは税理士業務は商法第五〇一条ないしは第五〇二条に規定する商行為とはならず、さらに「業とする」の解釈についても税理士、弁護士、医師等の自由職業者が業として反復継続して行っても、それがたとえ本人が主観的に営利の目的を持って行ったとしても、現在の一般社会通念上からはその営利は従たる目的に過ぎず、営業行為とは認められません。したがって、これらの者は**法律上商人とはならないこととされています**。

これは医者を例に出せば読者のイメージをたくましくさせるでしょう。ある日、医者が歩いていると道路に病人がうずくまっている。「これは大変だ！」ということで医者はさっそく病人を診察し、治療した。病人はすっかり元気になり「ありがとうございました。本当に先生のおかげで命拾いをしました」と感謝の念を示した。医者は幾ばくかの治療代を請求しても、世間の人は医者は営利目的でやったとは言わないでしょう。税理士も法的には同じです。

ということからも必然的に商法第五一二条（商人の報酬請求権）に規定される商人の商行為に基づく報酬請求権は発生しないものとなります。

次に民法上からは税理士法第二条の「他人の求めに応じ租税に関し次に掲げる事務を行う」とは、その事務の性質から民法六四三条に規定する法律行為の「委任」および民法第六五六条に規定する事実行為の「委託（準委任）」に基づく事務を行うものと解釈されます。

この場合、民法の「委任」に関する規定は「準委任」の規定に準用されるところから委任等に関わる事務に対する報酬については民法第六四八条第一項の「受任者は特約がなければ委任者に対して報酬を請求することができない」という原則無償の規定が働きます。

では、特約がなかったら報酬の請求権は成立しないのでしょうか?

民法第九二条は「法令中の公の秩序に関しない規定と異なる慣習がある場合において、法律行為の当事者がその慣習による意思を有しているものと認められるときはその慣習に従う」とあり、契約での当事者が定めていない事柄の解釈について示しています。

これによりますと契約の解釈においてはその法令が公の秩序に関せず当事者が慣習に従う意思を持っていたという場合は、まず法令よりも慣習が適用されます。

したがって、税理士や弁護士等委任事務を処理して報酬を受けることが慣行になっている職種の場合には、委任等の契約がなされた際は特に報酬を支払うということの明示がなくても慣行に基づく合意があったものと解釈され、当然業務に対する相当な報酬の支払いを受けることができる、とされています。

このような思考方法は税理士や弁護士の業務報酬に関する判例でも採用されています。これらのことから「業務の委任のときに報酬に関する事項の明示がなくても当事者間においては報酬に関する『**黙示の合意**』があるものとされており、これが一般的な解釈であるとされています。

右のことを結論づけますと「税理士の業務報酬については、事実たる慣習に基づく合意（黙示）を根拠として報酬請求権が成立する」と解されています。

（日本税理士会連合会業務対策部「税理士業務報酬算定に関するガイドライン（指針）」２００２年を参考に要約）

4　あれは最高限度額を超えたものであったか？

わたしは数十年前の昭和60年頃、ある所用があって当時渋谷区千駄ヶ谷に所在していた**日本税理士会連合会の会館**を訪ねました（現在は品川区大崎）。11月の下旬。街中の樹木の葉っぱもそろそろ茶褐色に色づきはじめ、冬仕度へと向かう季節でした。


千駄ヶ谷駅を降り、スポーツのメッカである東京体育館とは反対側に4、5分歩を進め、事務局のドアを開け、中に足を踏み入れた途端、後ろから40がらみの屈強な男が風を舞い上げるかのように息急き切って飛び込んできた。

パタッとうしろで木製のドアが閉まった。

男は税理士会の職員たち7、8名が事務を執っている方に眼をやりながら、

「ちょっと、ここが本部だと聞いてやってきたのだけど……少し聞きたいことがあるのだけど誰か？」

眼を充血させながら荒い口調で言った。

わたしはブレザー姿の男のあまりの勢いにしばし固唾をのんで傍観していた。

一人の中年の事務局の女性が小走りで窓口にやってきた。

「どのようなことでしょうか？」

男の態度に少々戸惑いの表情を浮かべつつも、女性らしい澄みきった声で毅然として応対した。

「それが、何というか、わたしは建設会社をやっているのだけど、売却した土地についての税金の申告をある先生に頼んだのよ…。それはそれでいいのだけどその先生に後で4千万円というべらぼうな手数料を取られた…。後でよく考えると腹が立って…」

男は興奮のためか途切れ途切れの言葉で、口の角に泡を立てながら喋った。

銀ぶちの眼鏡をかけたその女性は、上司に助けを求めようとするかのように事務室の方に視線をひとまわりさせた。だが誰もが書類に眼を落とし、窓口を向こうとする者はいなかった。女性は仕方なく、

「そのようなことをこちらに持ってこられても…。」

弱々しい声である。

男はさらに逆上して、

「だってここはああいう人を取り締まっている本部なんだろう！　4千万もかかるのかよ。ちょっと何枚かの申告書を書くだけで…。何か基準はないのか？　我々のような弱者を守ってもらえる法律がよ〜…」

ピ〜ンと緊張感の糸が張りつめた後、重い空気が事務室全体を支配した。

秒針の音ひとつしない沈黙のなか数分時が流れた。

「ええ、税理士の報酬規定というのがありますのでもう一度顧問の先生とよく話し合われて納得のいく結論を出されてはいかがですか？」

女性は、とおった鼻梁の上にかけた銀ぶち眼鏡の奥を輝かせ凛とした態度で言った。

「ここでもらちが開かないのであれば…。どこか訴えるところを教えてもらえないだろうか？」

男が少し落ちつきをみせてきたことは肩の表情から察せられた。

「そうですね。でもすでにお支払いになられたのでしょう？　訴えるといっても…。やはり税理士報酬規定というのがありますからそれを参考に先生ともう一度よくお話しされては？」

「………………」

男は顔をこわばらせしばらく考えていたが入ってきたときのように巨軀を荒くドア

にあずけるようにして出ていった。

女はカマイタチとでも遭遇したような顔つきで男の背にいつまでも目をやっていた。

わたしはこの状況の一部始終をまるでキツネにつままれたようにぼうぜんと見つめていた。そしてわれに返った。

男と女性との間のやりとりは十数分のドラマではなかったかと！


わたしは思いました。

【報酬規定のあることなど一般の人には分かるわけがない】

【現場では報酬規定額をオーバーすることもあるのか？】

【この仕事も信頼関係が崩れると大変なことになるな】

報酬規定に関してわたしの胸の中を様々なことがかけ巡った出来事でした。

このときの記憶が今も鮮明に残像として焼きついています。

5　資格者団体にもいよいよ時代の潮流が！

さて、時代は流れて、その後バブル時期に入り、またその泡がはじけて数年経った平成10年頃になると、経済もますますグローバル化し、わが国も世界各国との協調を余儀なくされるようになりました。

このような中平成10年3月、政府は市場原理と自己責任の原則を柱とした聖域なき「規制緩和3ケ年計画」を発表します。

無論、税理士等の**資格者団体が定める報酬規定**も規制緩和の対象となります。

そして約2年経った平成12年12月に「規制改革委員会」が次のような見解を発表します。

税理士等の国家資格者が受け取る報酬額の決め方も、**一般市場原理による競争あるいは需要と供給のバランスに基づくべきもの**であり、またその**資格者の普段からの合理化努力の結果**からのものでなければならないとされ、さらに一歩踏み込んで次のような基本的思考を述べています。

1　資格者団体が報酬基準を明示することが直ちに独占禁止法上問題にならなくとも、

個々の資格者が行う原価計算の要素を考えないで一律に基準額を明示するのは適切ではない。

だから従来のように資格者団体が基準額を明示するのではなく、各々の資格者が**独自の報酬額**を算定できるように、料金についての基準的な考え方であるとか原価計算の仕方を示すことにとどめるべきである。

2　各々の資格者が自分流に適切な報酬額を決めて事務所に掲示し、クライアントに詳しく説明すれば本人の利用料金についての不安も解消することは可能である。

さらに各資格者の報酬額を広告記載事項として認めれば、利用者にとって資格者（税理士等）についての情報も得られ、利用者は資格者に業務を依頼する前に、前もってだいたいの報酬額を知ることもできる。

そうすると同業他者との比較も可能であり、また**合理化によって低廉な料金であるにもかかわらず、優れたサービスを提供できるような資格者**はその業務をさらに拡大できるのではないか。

3　従来にみられるような報酬基準は最高価格を抑える機能がある一方で、基準額から下がらないという最低価格を定める機能も併せ持つことから、この報酬基準が料金の**値崩れを防ぐ防波堤の役目**を果たしているという指摘もある。

さらに報酬基準自体はひとつの目安に過ぎないとしても利用者と資格者との料金交渉の出発点は報酬基準とされるであろうから結果として資格者間での料金設定はほぼ横並びとなり**廉価サービスを提供するための真の努力**が行われているとはいえない。

（日本税理士会連合会業務対策部「税理士業務報酬算定に関するガイドライン（指針）」２００２年を参考に要約）

このような理由から規制改革委員会は「資格者団体の報酬規定」を会則記載事項としないことを提言したのです。

当時の政府はこの提言を受けて資格制度に関し、以下のような基本方針を定めました。

「特に資格者が受領する料金については資格者間の競争活性化の観点から**資格者団体の会則での報酬規定の設定はこれを廃止する**」と。

右のような経緯から、平成13年5月25日に税理士法が改正され、翌平成14年4月1日からの施行が確定するのです。

かくして永年続いてきた資格者の報酬規定は平成14年3月31日付で事実上廃止となりました。

そして**平成14年4月1日**以降からは新たに資格者それぞれが自由な考えの下、自己責任と説明責任とに基づいて報酬額を算定し委嘱者（クライアント）に請求することになったのです。

この趣旨に沿って衆参両議院での改正についての附帯決議があります。

それによると、「税理士業務に関わる報酬の最高限度額についての規定が廃止されたことに伴い、報酬料金の適正な算定を行うことに特段の努力を払うこと」としています。

これらから察するに、衆参両議院は納税者への配慮を強く期待していることがうかがい知れます。

また、税理士会の本会においても独占禁止法上問題とならない考え方に沿って**「税理士業務報酬算定に関するガイドライン（指針）」**が策定されたのです。

要約すれば、

「税理士の報酬料金算定はかなり複雑なのでクライアントに分かり易いように明確にしなければならないということ。また値段競争することによってより低廉な報酬でより良質なサービスをクライアントに提供できるようにしなければならない、ということである」

この算定方法が今日現在に至っているといえます。

以上からしますと規制改革委員会の趣旨は

① 資格の世界においても市場原理による需要と供給のバランスが必要

② それに伴い資格者は一度資格を取ったらその上にあぐらをかくのではなく、資格者は普段からの合理化努力が必要

③ たとえ値崩れを招くようなことがあっても、廉価なサービスを提供できる真の努力が必要

等々であると考えられます。

しかし、先にも記述しましたように、現実問題としては税目も国税、地方税を合わせれば50種類近くもある（といっても日々の業務は法人税、所得税、消費税、相続税など数種類の税目を主にこなしている）ので、両者の思惑違いもあり、混乱をきたすことは多々あることでしょう。

難しいことですが、両者にとって理想的な方法はやはり内容をよく説明し、その結果微に入り細に入り納得し合った契約書を取りかわすことでしょう。

ところで、この「税理士業務報酬規定」の廃止は国民サイドからすれば、それほどの改善策であるとは思われません。1つの目安がなくなったことに伴い、より価格差が生じ、より複雑化しすぎるきらいもあり、一長一短といったところでしょう。というより元々有名無実な報酬規定は、あってもなくても納税者も斯界も、その状況は好転もしなければ暗転もしないというのが正直のところでしょう。

ただ1つ確かなことは、このようなことに多くの税金を遣われた国民こそがいい迷惑であるということでしょう。

それよりも、むしろ規制緩和の主役を演じてきた人物のその後のダーティーな行動、たとえば報道されたかんぽの宿問題、村上ファンド問題等々が真実であればがっかりします。一連の規制緩和行動は売名行為であったり私欲のためであったと推察されるからです。つまり、「規制改革」という美名のもとに単細胞の政治家を踊らせ、己の私欲の目的の達成にのみ走ったのであれば、多くの国民を裏切ったことになるからです。

本来、大局的見地に立ち、真に国家、国民のことを思うのでしたら、憲法レベルからもっと改善しなければならないことは、この業界にも山ほどあると思いますが、紙面の都合上次の機会に回したいと存じます。

第4章　納税者、社長はどのような税理士を選べばいいのか？

1　顧問料は果たして本当に安かろう、悪かろうなのか？

■サービスの内容と顧問報酬額とは決して比例しない！

東京駅からJRの山手線にガタンゴトンゆられ、20分ほどつり革を握っていると、東京でも有数のターミナルであり、鉄道の要衝でもあるレールの蝟集した池袋駅に着きます。私鉄の始発駅であるそこから準急に乗り、50分ほど車中気分を味わい、両サイドの車窓の家並に眼を奪われていると、未だどこかに田園の名残をかもし出しているT駅に到着します。

故小渕恵三氏が緊張した面持ちで「次の年号は平成です」といって、平成と書かれた紙がテレビ画面に大写しされたその年に、わたしの知人でこのT駅のあるT市に、税理士事務所を開業した男がいます。

出自は山形県米沢市の貧しい農家の5男の出で、年齢は現在50代の半ばです。

以下、ある会合で彼から聞いた話を小説風に書いていきます。

仮に彼の名前を上田敏夫としておきます。東北特有の色白で朴訥な男性です。


平成18年の5月の中旬、上田は顧客である五十嵐の誘いで静岡県御殿場にあるゴルフ場に行った。

当日は、すじ雲ひとつない真っ青な天空のゴルフ日和であった。

メンバーは上田のほか彼の顧客である女性服のメーカーの五十嵐社長、それに五十嵐とは異業種交流会で顔見知りの50がらみの藤本と40前後の吉田という男連中である。

一行はラウンドを終え、クラブハウスのレストランで昼食をとっていた。

「いやぁーここのコースは富士山を借景とした実にいいゴルフ場ですなあ」

藤本は右手を窓外にやり、しゃく銅色の顔をほころばせ口を開いた。

「そうですね。特にこの季節の深緑風景から顔をのぞかせる霊峰は一段と美しい」

頂上に雪帽子をかぶり悠然としている大自然に眼を細めながら吉田が相槌をうった。

「そうですね」

上田も同調する。

「あっそうそう藤本さん。あなた先生に相談したいことがあるって言っていたでしょう、いま話されては？」

54歳の五十嵐が藤本と上田の顔を交互に見ながら顎を引いて喋った。

「そうですね。…じゃあちょっとこの場でいいですか？」

「どうぞ」

数日前五十嵐から『藤本さんという知人から今の税理士とは手を切りたいから誰かいい税理士を紹介してもらえないか？』との打診を受けていたのでその言葉が上田の脳裏を巡った。

「実は今うちで委嘱している先生なのですが、30なかばの男の所員が毎月帳簿に眼を通しに来てくれるのはいいのですが、先生は年に1度くらいしか顔を見せてくれないので…。所員を10人ほどかかえたかなり大きな東京の会計事務所なのですけど税務調査があるとちょっと…それに毎月の顧問料に決算料やらで…」

「そうですか。でも社長さんの会社も東京でしょう。いろいろと便利なのでは？」

「もう十数年頼んでいたのですけど…いずれにしろ話は…一度ご都合のいいときに会社に来てもらえませんか？　詳しい話はそこで」

「そうですね。では一度お伺いしましょう。後で名刺でもいただければありがたいのですが」

「では帰りのときに」

話をしているうちに4人ともあっというまに食事をすませてしまった。

「さあ午後は冨士コースだ。がんばろう」

4人はクラブハウスをあとに冨士コースへと向かった。

数日後、都内に本社のある株式会社エービーエムの社長室。

「いやあ、立派な社長室ですね」

社長室の厚いじゅうたんに足を踏み入れると上田は言った。

「お恥ずかしい。でも一応はわたし1代で築いた会社ではあるのですが。ま〜腰を下ろしてください」

藤本は手をソファーに向けると少々得意げに言った。

「何をなさっているのですか、お仕事の方は?」

「大企業からの発注を受け、産業用のロボットを作っています。今年の3月期の決算で年商は約12億ぐらいでした。利益もそこそこ3千万円ほどは出ています」

「へ～それは素晴しいですね。ところで従業員ですけどどれぐらいの人数でやっておられるのですか？」

「現在パートを入れると40数名といったところです」

「利益率がいいのですね」

「はい。うちはいいほうだと…。ところでこの間のゴルフ場での話の続きをさせていただいていいですか」

「そうですね。今日お伺いした本題ですものね」

「いま頼んでいる先生、50そこそこの先生なのですが、やり手で所員も十数人かかえているようです」

「随分と大きな事務所なのですね」

「そうですね…。で単刀直入にお話しますが、実はこの間調査に入られまして本税やら加算税やら延滞税等々ということでかれこれ3千万円程度持っていかれました」

「それはま～結構な金額を…。ところでこちらは専属の経理の社員を雇用しているのですか？」

「ええ、3人います」

「そうですか！　で3千万とは…。何か大きなものでも？」

「はい、仕掛品もれとか、消耗品や仕入が実は資産に乗っけられたとか売上の時期のズレとかいっぱいポロポロ出てきて…。1週間も来てしかも4人がかりでやられたものだからその間通常の仕事も手につかずで…」

「は〜なるほど」

「どうですか、やってもらえませんでしょうか？　…実は五十嵐さんに聞いたら先生は随分と廉価な顧問料でやられているとか言ってましたから…」

「……………」

「それに税務調査でもほとんどひっかからないとか」

「いやぁそのようなことはありません。でも経理の正社員が3人いるのであれば、それなりに帳簿がシッカリ記帳されているはずですが」

「でも今の先生のところの所員が毎月1度は訪問して見てくれてはいるのですけど」

「で、顧問料の方はどうなっているのですか？」

「はい、月額の分は月20万円、それに年1度の決算料が１００万円です」

藤本は大きな眼を見開いて強調した。

「そうしますと年間３４０万円ですか」

上田は思った。記帳代行はなしで税務と会計の顧問ということは決して高くもないし安くもない。しかし経理に3人もいればわたしであればこの半分でやれる。

「そうです。それに暮には別に年末調整代とかでいくらか払います」

「そうですか。でも委嘱換えするとなるといろいろと大変ですよ」

「いえ、もう先方とはほぼ話はついているのです。そのあたりのご心配はなさらないでください。後々面倒なことは一切ございませんし、仮に何かあっても先生にご迷惑のかかるようなことはいたしませんので」

藤本は真面目な顔つきで喋った。

「そうですか！　こういう問題はデリケートなことですのでトラブルになることもあるのですが、やはり時代なのでしょうかね」

「時代って？」

「以前は会計事務所を換えるときは前の事務所がいろいろと主張するので問題になることも多かったのです。でも近頃は社長のおっしゃるようなケースもよく耳にしますもので」

「あの先生も多少はざんげといっては何なのですけど後ろめたさもあったのではないでしょうか！　あっさりと承知してくださいました」

「そうですか。ではお受けしましょう」

「そうですか。では今後ともどうかよろしくお願いいたします。でさっそくなのですけど今後どのくらいでやっていただけるのでしょう？…先ほども申しましたように今までの事務所には年間350万円ほどだったのですが、ここ2、3年は売上も落ち利益も3割ほど下がったのでちょうど前の先生に値下げ交渉しようと思っていた矢先に調査が入ったものですから」

「そうですか。それは大変でしたね…。ではこうしましょう。一応前の事務所がやっていたのと同じことを**月額の顧問料8万円で決算料は60万円**でお引き受けしましょう」

「えっ、…それでいいのですか？」

内心しめたと手を打った。が、しばらくして藤本は不安げに「安かろう悪かろうでも困るのだけど」渋い顔で小さく独語をはいた。

それから3年経った平成21年某月某日に、くだんの株式会社エービーエムに税務調査が入った。

○○税務署の職員は上席調査官の太田という人と調査官の田中という男2人である。

また、調査に立ち会ったのは上田税理士1人である。

社長は税務職員との挨拶もそこそこに調査の席から座をはずした。

後は上田と会社の経理課員とで調査の応対をする。

そして2日間の日程は無事終了した。

調査による増差所得額は80万円程度。その内容は前の期に立てなければならなかった売上を今期に計上していた80万円だったとのことである。

税額にして本税、加算税等々で4、50万円で無事終えたということであった。

翌日、上田は修正申告書を持ってサイン印鑑をもらいに会社を訪ねた。

「どうにか無事終わりました。ごくろうさまでした」

「いやあ、こちらこそどうもごくろうさまでした。今回は仕事の方も通常どおりできましたし…。しかしいつもは何千万円も持っていかれていたのに…。アンビリーバボーですな」

と言って藤本は両手を広げたあと相好を崩した。

「…………」

藤本はそれ以来〝安かろう悪かろう〟という思いはどこかに忘れてしまったのか一切口にしなくなった。

■顧問報酬は半額で、税務調査の結果は100分の1で終了。しかも日常業務に一切支障なし

上田にはこういうことが多いといいます。

たとえば、ある建設会社の税務調査が終わった後、その会社の社長がある弁をふるっていたと彼が想い出話を語っていました。

「社長は『これでは1億円の豪邸を、材料の質も大工の手間も落とさないで3千万円で請け負う建設会社のようなものである』と眼を丸くしていた」と。

また彼は彼の7、8割の顧客から「先生のとこはどうしてそんなに顧問料が安いのですか?」と不思議がられるともいっていました。

このようなことは一般の人には少々奇異に感じるかもしれませんが、この税理士業界においてはごく当たり前のことであるといえるでしょう。

では次にそのヒントと種明かしを記述していきましょう。

2 物品販売業と製造業と税理士業

前節において「１億円の豪邸を、材料費の質も人件費の質も落とさないで３千万円で請け負うようなもの」と言った委嘱者（クライアント）がいたと記述しました。果してそのようなことが可能なのでしょうか？

答えはＹＥＳです。

わたしは建設会社の人とよく話をする機会がありますが、彼らは決まって「業者の中には『５千万円の工事を４千万円で請け負いますよ』といった安請負いの建設会社もいますがそういうことは絶対ありえない」と強調します。これはおそらく正しいことだと思います。そこには何らかの無理が生じるからです。たとえば材料の質を落とすとか大工が手抜き工事をしてコストを削減せざるをえないからです。

しかし、会計事務所の世界ではそのようなことはごく当たり前であり、むしろ同じクオリティーの仕事をしても４千万円どころか、ときには数百万円のことだってありうるのです。

たとえば相続税の作成報酬の場合など、ある人は5千万円で請求する場合であっても、ある人の場合は同じ条件の事例で数百万円で受ける場合だってあるということです。

つまり、建設業界の社会では想像もできないような常識破りのことが、税務会計業界では充分ありうるということです。

説明を便宜的にするため、例もズバリ建物とします。

①建設業の場合1億円の売上
工事コストが7割（7千万円）
販管費（2千5百万円）利益500万円

②役務の提供の場合1億円の仕事
コストはゼロ
販管費（2千5百万円）利益500万円

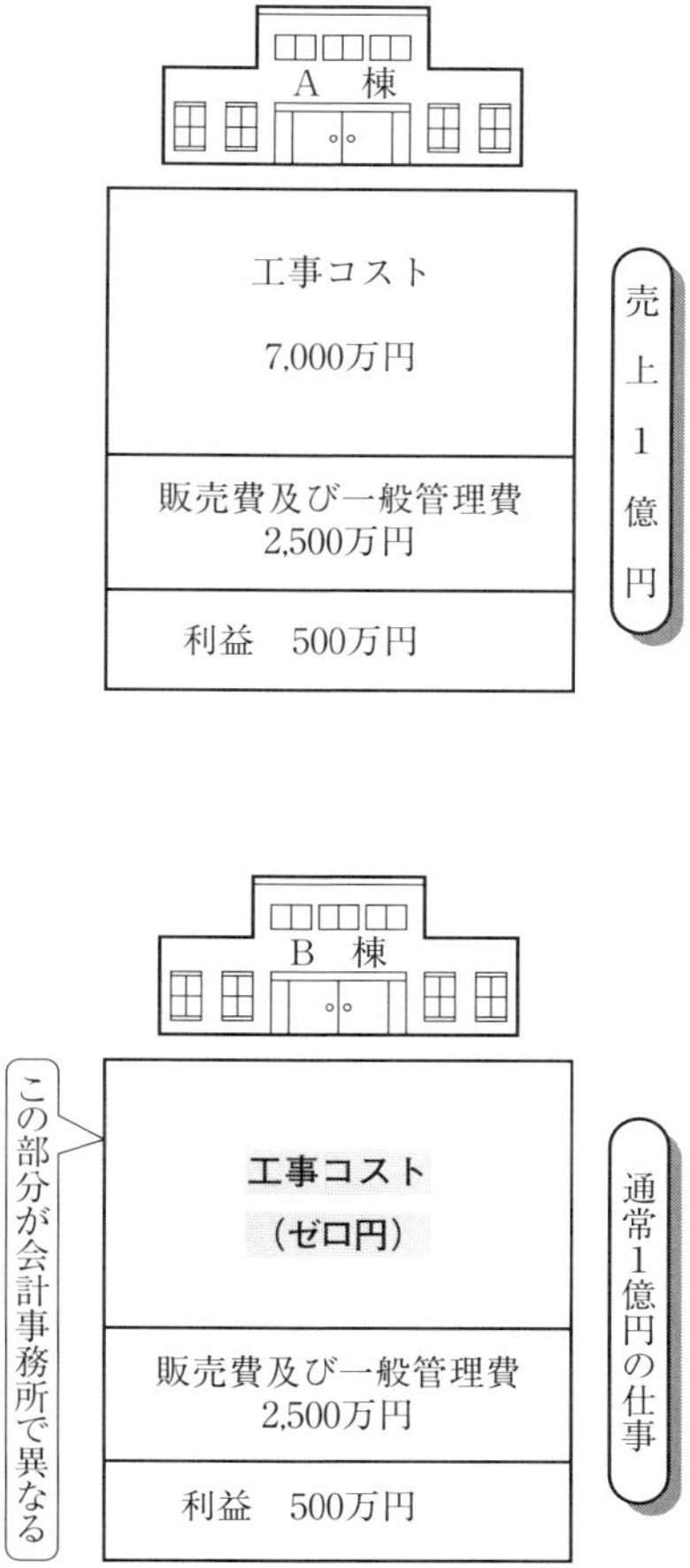

A棟もB棟も同価値

このように十分採算がとれるのです。

分かりやすくするために建物を引き合いに出しましたが、お分かりのように建設業の場合であれば、材料費や下職代外注費等の工事コストが掛かるのに対し、役務（サービス）の提供は建物のように直接眼に見えるものでないため、税理士各々が自由裁量においてこれこれの費用がかかるという数字を算定し、それに利益を乗っけてクライアントに請求することになります。

税理士業界の場合はこの工事コスト（製造コスト…実際には存在しない）と販管費が一緒くたになっていますから、他は1億円でやっている場合であっても3千万円で充分採算がとれるということです。つまり、コストに較差ができ、各事務所によって請求金額が大きく異なるということです。

余談ではありますが、物品販売業や製造業は物を仕入れたり製造したりしても売れなければ在庫となる、といったつらさはあります。一方、役務の提供（無形のサービス）はその物がないため金をもらいづらい、という厳しさがあります。

昔の人の言葉に「カゴに乗る人、担ぐ人、そのまた草履をつくる人」というのがありますが、実に薀蓄のある言葉で、どの職業もやってみなければそのつらさは分からないということなのでしょう！

ちなみにイメージを鮮明にしてもらうため、物品販売業、製造業に対し、役務の提供の場合の試算表を示すと左図のとおりとなります。

税理士業の場合

原価	原価（ゼロ）	売上（顧問報酬収入）
経費	管理費	
	利益	
	×××××	×××××

税理士はノウハウ・ビジネスのため売上（顧問報酬収入）げるのにその都度商品を仕入れたり材料を仕入れ製造することはなく，コストはゼロである。その代わり一般的には免許取得までにはかなりの犠牲とコストが掛かっているといえなくもない。

物品販売業の場合

原価	期首棚卸高 商品仕入高 期末棚卸高	売上
経費	販売費及び 一般管理費	
	利益	
	×××××	×××××

売上げるためには商品を仕入れなければならない。

製造業の場合

原価	期首製品棚卸高 当期製造原価 期末製品棚卸高	売上
経費	販売費及び 一般管理費	
	利益	
	×××××	×××××

売上げるためには材料を仕入れ、人を雇用し、製品をつくらなければならない。

3 税の社会にも〝赤ひげ先生〟が！

前節においては、税理士のような役務の提供によって生活をしている者の世界における、顧問料の較差が生じる要因について記述してきました。

さてこの節ではなぜそのような較差が生まれるのか？　その原因についてもう少し詳しく触れてみましょう。

実はこの税理士という仕事は、かなり公共性の高い職種であることは周知のとおりです。いうまでもなく国の行方を左右する国家の根幹に関わることだからです。

まずこの税理士業務について**各々の税理士がどのように認識しているか**どうかということです。

もともと国家の台所を支えるという公共性の高い仕事も、**一つの商売として把握**するのかあるいは**公共性の高い仕事だから商人といえない**ことから、報酬は最少額にするといった考えを持つかによって大きく異なってきます。

前者は金、カネ、かねと金に前向きな人あるいは執着する御仁です。他方後者は人生必

図表4-1　税理士業務に対する税理士の2つの認識方法

税理士業務を公共的なものとして認識している税理士

会計事務所は企業と化してはならないと考え、国家のためたとえ稼ぎは少なくとも会社を育て、正しい申告をモットーとしている。基本的に会計事務所が利益をむさぼるのを悪と考えるタイプ

税理士業務も営利的職種として把握、ひたすら商人的立場をとる税理士

個人的利益追求の色彩が強いため、1流か2流かといった税理士の線引きをひたすら年収に求めるようなタイプ

『税理士業務報酬規定』があってもなくてもそう変わらない。要は税理士自身が税理士業務を【商売】と考えるか【公共的職業で商人にあらず】と考えるかにより大きく異なるといえるでしょう。

ずしも金にあらずといったマトモ（?）な考えを持つ者であるといえるでしょう。

ただ、前者の人はそれはそれで何ら非難されるものでもありません。一度きりの人生である以上、大いに金を稼ぎ、人生をエンジョイすることは誰にも止められないし、何ら非難の矢面に立つものでもありません。

実際この手の人は有名ゴルフ場の会員権をいくつも所有しておりますし、また海外旅行にもしょっちゅう行っています。見聞を広めることはいいことでしょう。中には潤沢な資金で海外永住を考えている人もけっこういます。本人は多分にステイタス感覚でいるのでしょう。

これらは**その人の生い立ちや人生観**とも結びついているような気がします。

このことはまた医者の世界においても見られる現象です。

医業を揶揄的に「医は算術」などと金の亡者の代名詞のようにいう人もいますが、この医業界における仁術か算術かということは税理士業界にも見られる光景で、むしろ税理士業界の方が顕著かもしれません。仁術は一種の慈善事業的感覚です。

税理士業界にも先の上田のような赤ひげ先生的税理士もいるということです。

よくもこんな命をカンナで削るような細かな仕事を安い報酬で行うことができるな、と感心します。

税理士業界はこれら税理士業務をどのように認識するかに加え、第一編で説明しましたようにそれこそ種々の者たちの寄合所帯ですから、なおのことこんがらがった糸のごとくややこしくなってくるのです。

逆に企業の顧問料倒産とでもいいたくなるようなケースにも出くわします。一元的に物事は判断できませんが悪くいえば、赤ひげ先生とは反対に納税者からむしり取っているといった例です。

倒産寸前の会社の販管費のうち何と7割が顧問料であったという笑うに笑えないような事例に遭遇することもあります。

ところでこの赤ひげ先生のような人は医学の世界の赤ひげ先生と違い、あまりクローズアップされません。したがってこのような税理士を探すのは至難のワザといえます。なぜならこのような赤ひげ会計事務所に委嘱しているクライアントは秘密裏にしたがり、他の人を紹介したがらないため、ますます出会いの機会がないからです。

このような赤ひげ税理士があまり知られない理由は、**医者は人命を救うという華やかな現象を演じる**ことができ、しばしばメディアの脚光を浴びることができるのに対し、**税理**

士は納税者の財産を守るというすこぶる地味でいわば影の主役を演じることしかできないためでしょう。しかし、両者の共通観念は職業への使命感が強いため、常に勉強熱心でいい仕事をしようと心がけている、という点です。

そして、こういう税理士は、平成元年に竹下内閣の肝いりで新税として社会にデビューした逆進性の強い消費税を、未だに顧客から頂いていないということをしばしば耳にします。つまり、未だに内税の信念を貫き通しているのでしょう。

また、こういう事務所の業務形態としては「年中無休」を標榜している所が多く、クライアントからすれば大変便利な事務所であるといっていいでしょう。しかも時給千円、2千円程度で真摯な態度で社会のために役立とうとしており、業務自体を決してビジネスとして把握していません。社会から仕事をさせてもらっているという気持ちが強く、社会貢献を第一義として考えているようです。

4　旧税理士業務報酬規定の内容とは？

委嘱者と**税理士**との関係は税務会計業務を委嘱する場合の当事者同士であるといえます。税理士は当然のことながら「税理士業務報酬規定」を少なくともある時期、手にしていたはずです。

市場原理に基づき顧問契約をかわす場合、一方がそれを知り、経営者がそれを知らないのでは互いに納得のいく契約をかわすことができないのではないでしょうか。

つまり、納税者の方だけ報酬額の相場を知らないのでは不公平ではないかと思われます。また、それがために不測の事態も生じかねません。たとえば長くお付き合いしていた場合、会社の業績内容が劇的に好転したにもかかわらず、従来の報酬額で済まそうとする経営者と税理士との間に齟齬をきたし、ある日突然会計事務所の所長から引導を渡されかねないとも限りません。そのときはオロオロしても後の祭りというものです。

つまり報酬規定の十分の一程度の報酬額しか支払っていないのにもかかわらず、相場を知らないばかりに（もっとも経営者は同業者の会合でこの種の話題はよく出るので**知らないふり**をしている場合が多いともいわれています）、いかにもわたしは客でお前にカネを払ってあげている位の態度をとられたのでは税理士もたまったものではないでしょう。笑顔の1つもつくって「ご随意にどうぞ」というしかないでしょう。

■ わが国にも権利意識（?）の芽生えが！

他面、税理士サイドからすれば昨今のようにわが国においても、権利意識が以前と比較して格段に高まってきている現代社会において、ゼロひとつ桁を間違ったからといって数千万円もの賠償請求の訴訟をおこされたのでは、これまた身ぐるみをはがされることにもなりかねません。

こういったことからも税理士のみならず納税者もこの相場を知っていて損をすることはないでしょう。

以下は昭和55年10月13日制定による「税理士報酬規定」の平成13年度版、つまり最終版です。

顧問報酬等早見表（個人用）

注1　この表は、税理士報酬及び会計業務報酬に関し、基本的な報酬の最高限度額について一覧表としたものである。

注2　委嘱を受けた業務の内容に応じて、この表に掲げる月額報酬のほか、それぞれ次の金額を加算することができる。

(1)　都府県民税、市町村民税及び事業税（以下「住民税等」という。）に関しては、1を超える事業所1箇所につき、所得税の顧問報酬月額の10％相当額

(2)　その他の租税に係る顧問報酬を受ける場合、

①　消費税、特別地方消費税に関しては、1税目につき、所得税の顧問報酬月額の50％相当額

②　給与等の源泉所得税、前掲以外の租税に関しては、1税目につき、所得税の顧問報酬月額の30％相当額

※　上記①、②に定める租税について複数の事業所があるときは、事業所ごとに受任1件として取扱う。ただし、消費税については、事業所数にかかわらず受任1件として取扱う。

(3)　記帳代行報酬において、所得税以外の租税に関連して特に必要とする記帳を委嘱された場合、(2)に定める当該税目の顧問報酬月額相当額

注3　月額報酬の算定において、前年の総所得金額基準によることが適当でないときは、前年の年取引金額（総収入金額）基準によることができる。

注4　顧問報酬を受けている場合でも、税務書類を作成したときは、決算書類作成報酬（以下「決算報酬」という。）のほか、税務書類の作成報酬を受けることができる。

注5　決算期間が6月以内の場合の決算報酬は、この表に掲げる当該報酬額の60％相当額を限度とする。

〈以下この早見表には消費税額は含まれていません。〉

1.　個人の月額報酬及び決算報酬　　（単位：円）

前年の総所得金額（　）は前年の年取引金額	報酬区分	委嘱内容 税務顧問	委嘱内容 税務顧問 会計顧問	委嘱内容 税務顧問 会計顧問 記帳代行
200万円未満	税務顧問報酬			
	所得税	20,000	20,000	20,000
	住民税等	2,000	2,000	2,000
	消費税等	10,000	10,000	10,000
	会計顧問報酬	0	10,000	10,000
	記帳代行報酬			
（2,000万円未満）	所得税	0	0	20,000
	消費税等	0	0	10,000
	月額合計	**32,000**	**42,000**	**72,000**
	決算報酬	160,000	160,000	120,000

前年の総所得金額 ( ) は前年の年取引金額	報酬区分	委嘱内容		
		税務顧問	税務顧問 会計顧問	税務顧問 会計顧問 記帳代行
300万円 未　満	税務顧問報酬			
	所得税	30,000	30,000	30,000
	住民税等	3,000	3,000	3,000
	消費税等	15,000	15,000	15,000
	会計顧問報酬	0	15,000	15,000
	記帳代行報酬			
(3,000万円未満)	所得税	0	0	30,000
	消費税等	0	0	15,000
	月額合計	**48,000**	**63,000**	**108,000**
	決算報酬	240,000	240,000	180,000
500万円 未　満	税務顧問報酬			
	所得税	45,000	45,000	45,000
	住民税等	4,500	4,500	4,500
	消費税等	22,500	22,500	22,500
	会計顧問報酬	0	22,500	22,500
	記帳代行報酬			
(5,000万円未満)	所得税	0	0	45,000
	消費税等	0	0	22,500
	月額合計	**72,000**	**94,500**	**162,000**
	決算報酬	360,000	360,000	270,000
1,000万円 未　満	税務顧問報酬			
	所得税	65,000	65,000	65,000
	住民税等	6,500	6,500	6,500
	消費税等	32,500	32,500	32,500
	会計顧問報酬	0	32,500	32,500
	記帳代行報酬			
(1億円未満)	所得税	0	0	65,000
	消費税等	0	0	32,500
	月額合計	**104,000**	**136,500**	**234,000**
	決算報酬	520,000	520,000	390,000
2,000万円 未　満	税務顧問報酬			
	所得税	75,000	75,000	75,000
	住民税等	7,500	7,500	7,500
	消費税等	37,500	37,500	37,500
	会計顧問報酬	0	37,500	37,500
	記帳代行報酬			
(2億円未満)	所得税	0	0	75,000
	消費税等	0	0	37,500
	月額合計	**120,000**	**157,500**	**270,000**
	決算報酬	600,000	600,000	450,000

前年の総所得金額 （ ）は前年の年取引金額	報酬区分	委嘱内容		
		税務顧問	税務顧問 会計顧問	税務顧問 会計顧問 記帳代行
3,000万円未満	税務顧問報酬			
	所得税	85,000	85,000	85,000
	住民税等	8,500	8,500	8,500
	消費税等	42,500	42,500	42,500
	会計顧問報酬	0	42,500	42,500
（3億円未満）	記帳代行報酬			
	所得税	0	0	85,000
	消費税等	0	0	42,500
	月額合計	**136,000**	**178,500**	**306,000**
	決算報酬	680,000	680,000	510,000
5,000万円未満	税務顧問報酬			
	所得税	95,000	95,000	95,000
	住民税等	9,500	9,500	9,500
	消費税等	47,500	47,500	47,500
	会計顧問報酬	0	47,500	47,500
（5億円未満）	記帳代行報酬			
	所得税	0	0	95,000
	消費税等	0	0	47,500
	月額合計	**152,000**	**199,500**	**342,000**
	決算報酬	760,000	760,000	570,000
5,000万円以上	税務顧問報酬			
	所得税	105,000	105,000	105,000
	住民税等	10,500	10,500	10,500
	消費税等	52,500	52,500	52,500
	会計顧問報酬	0	52,500	52,500
（5億円以上）	記帳代行報酬			
	所得税	0	0	105,000
	消費税等	0	0	52,500
	月額合計	**168,000**	**220,500**	**378,000**
	決算報酬	840,000	840,000	630,000
5千万円以上 1千万円増すごとに	税務顧問報酬			
	所得税	加算　5,000	加算　5,000	加算　5,000
	住民税等	加算　500	加算　500	加算　500
	消費税等	加算　2,500	加算　2,500	加算　2,500
	会計顧問報酬	加算　0	加算　2,500	加算　2,500
（5億円以上 1億円増す ごとに）	記帳代行報酬			
	所得税	加算　0	加算　0	加算　5,000
	消費税等	加算　0	加算　0	加算　2,500
	月額合計	**加算　8,000**	**加算　10,500**	**加算　18,000**
	決算報酬	加算　40,000	加算　40,000	加算　30,000

顧問報酬等早見表（法人用）

注1　この表は、税理士報酬及び会計業務報酬に関し、基本的な報酬の最高限度額について一覧表としたものである。

注2　委嘱を受けた業務の内容に応じて、この表に掲げる月額報酬のほか、それぞれ次の金額を加算することができる。

(1)　都府県民税、市町村民税及び事業税（以下「住民税等」という。）に関しては、1を超える事業税の1箇所につき、法人税の顧問報酬月額の10％相当額

(2)　その他の租税に係る顧問報酬を受ける場合、

①　消費税、特別地方消費税その他消費税に関しては、1税目につき、法人税の顧問報酬月額の50％相当額

②　給与等の源泉所得税、前掲以外の租税に関しては、1税目につき、法人税の顧問報酬月額の30％相当額

※　上記①、②に定める租税について複数の事業所があるときは、事業所ごとに受任1件として取扱う。ただし消費税については、事業所数にかかわらず受任1件として取扱う。

(3)　記帳代行報酬において、法人税以外の租税に関連して特に必要とする記帳を委嘱された場合、(2)に定める当該税目の顧問報酬月額相当額

注3　月額報酬の算定において、期首資本金等の基準によることが適当でないときは、前期の年取引金額（益金の額）基準によることができる。

注4　顧問報酬を受けている場合でも、税務書類を作成したときは、決算書類作成報酬（以下「決算報酬」という。）のほか、税務書類の作成報酬を受けることができる。

注5　決算期間が6月以内の場合の決算報酬は、この表に掲げる当該報酬額の60％相当額を限度とする。

〈以下この早見表には消費税額は含まれていません。〉

1．法人の月額報酬及び決算報酬　（単位：円）

期首資本金等 ( ) は前年の年取引金額	報酬区分	委嘱内容 税務顧問	委嘱内容 税務顧問 会計顧問	委嘱内容 税務顧問 会計顧問 記帳代行
200万円 未満	税務顧問報酬			
	法人税	30,000	30,000	30,000
	住民税等	3,000	3,000	3,000
	消費税等	15,000	15,000	15,000
	会計顧問報酬	0	15,000	15,000
	記帳代行報酬			
(2,000万円未満)	法人税	0	0	30,000
	消費税等	0	0	15,000
	月額合計	**48,000**	**63,000**	**108,000**
	決算報酬	240,000	240,000	180,000

期首資本金等 （ ）は前年の年取引金額	報酬区分	委　嘱　内　容		
		税務顧問	税務顧問 会計顧問	税務顧問 会計顧問 記帳代行
300万円 未　満	税務顧問報酬			
	法人税	35,000	35,000	35,000
	住民税等	3,500	3,500	3,500
	消費税等	17,500	17,500	17,500
	会計顧問報酬	0	17,500	17,500
（3,000万円未満）	記帳代行報酬			
	法人税	0	0	35,000
	消費税等	0	0	17,500
	月額合計	**56,000**	**73,500**	**126,000**
	決算報酬	280,000	280,000	210,000
500万円 未　満	税務顧問報酬			
	法人税	50,000	50,000	50,000
	住民税等	5,000	5,000	5,000
	消費税等	25,500	25,000	25,000
	会計顧問報酬	0	25,000	25,000
（5,000万円未満）	記帳代行報酬			
	法人税	0	0	50,000
	消費税等	0	0	25,000
	月額合計	**80,000**	**105,000**	**180,000**
	決算報酬	400,000	400,000	300,000
1,000万円 未　満	税務顧問報酬			
	法人税	70,000	70,000	70,000
	住民税等	7,000	7,000	7,000
	消費税等	35,000	35,000	35,000
	会計顧問報酬	0	35,000	35,000
（1億円未満）	記帳代行報酬			
	法人税	0	0	70,000
	消費税等	0	0	35,000
	月額合計	**112,000**	**147,000**	**252,000**
	決算報酬	560,000	560,000	420,000
3,000万円 未　満	税務顧問報酬			
	法人税	85,000	85,000	85,000
	住民税等	8,500	8,500	8,500
	消費税等	42,500	42,500	42,500
	会計顧問報酬	0	42,500	42,500
（3億円未満）	記帳代行報酬			
	法人税	0	0	85,000
	消費税等	0	0	42,500
	月額合計	**136,000**	**178,500**	**306,000**
	決算報酬	680,000	680,000	510,000

期首資本金等 （ ）は前年の年取引金額	報酬区分	委嘱内容		
		税務顧問	税務顧問 会計顧問	税務顧問 会計顧問 記帳代行
5,000万円 未　満	税務顧問報酬			
	法 人 税	100,000	100,000	100,000
	住民税等	10,000	10,000	10,000
	消費税等	50,000	50,000	50,000
	会計顧問報酬	0	50,000	50,000
	記帳代行報酬			
（5億万円未満）	法 人 税	0	0	100,000
	消費税等	0	0	50,000
	月 額 合 計	**160,000**	**210,000**	**360,000**
	決 算 報 酬	800,000	800,000	600,000
1億円 未　満	税務顧問報酬			
	法 人 税	130,000	130,000	130,000
	住民税等	13,000	13,000	13,000
	消費税等	65,000	65,000	65,000
	会計顧問報酬	0	65,000	65,000
	記帳代行報酬			
（10億円未満）	法 人 税	0	0	130,000
	消費税等	0	0	65,000
	月 額 合 計	**208,000**	**273,000**	**468,000**
	決 算 報 酬	1,040,000	1,040,000	780,000
3億円 未　満	税務顧問報酬			
	法 人 税	160,000	160,000	160,000
	住民税等	16,000	16,000	16,000
	消費税等	80,000	80,000	80,000
	会計顧問報酬	0	80,000	80,000
	記帳代行報酬			
（30億円未満）	法 人 税	0	0	160,000
	消費税等	0	0	80,000
	月 額 合 計	**256,000**	**336,000**	**576,000**
	決 算 報 酬	1,280,000	1,280,000	960,000
5億円 未　満	税務顧問報酬			
	法 人 税	190,000	190,000	190,000
	住民税等	19,000	19,000	19,000
	消費税等	95,000	95,000	95,000
	会計顧問報酬	0	95,000	95,000
	記帳代行報酬			
（50億円未満）	法 人 税	0	0	190,000
	消費税等	0	0	95,000
	月 額 合 計	**304,000**	**399,000**	**684,000**
	決 算 報 酬	1,520,000	1,520,000	1,140,000

期首資本金等（ ）は前年の年取引金額	報酬区分	委嘱内容		
		税務顧問	税務顧問 会計顧問	税務顧問 会計顧問 記帳代行
	税務顧問報酬			
5億円 以上	法人税	220,000	220,000	220,000
	住民税等	22,000	22,000	22,000
	消費税等	110,000	110,000	110,000
	会計顧問報酬	0	110,000	110,000
	記帳代行報酬			
（50億円以上）	法人税	0	0	220,000
	消費税等	0	0	110,000
	月額合計	**352,000**	**462,000**	**792,000**
	決算報酬	1,760,000	1,760,000	1,320,000
	税務顧問報酬			
5億円以上 2億円増すごとに	法人税	加算　30,000	加算　30,000	加算　30,000
	住民税等	加算　3,000	加算　3,000	加算　3,000
	消費税等	加算　15,000	加算　15,000	加算　15,000
	会計顧問報酬	加算　0	加算　15,000	加算　15,000
（50億円以上 20億円増す ごとに）	記帳代行報酬			
	法人税	加算　0	加算　0	加算　30,000
	消費税等	加算　0	加算　0	加算　15,000
	月額合計	**加算　48,000**	**加算　63,000**	**加算　108,000**
	決算報酬	加算　240,000	加算　240,000	加算　1800,000

（出所）東京税理士会「税理士業務要覧」平成13年3月27日17版発行404～410頁

5　税理士業務の対象となる内容とは？

では、税理士報酬はどういう仕事をしてもらった場合に如何ほど払えばいいのか？　あるいは税理士はどういう基準でそれを算定しているのか？　という前に税理士の業務とはいったいどういう内容のものであるのかを知ることが大切です。

以下、その内容を簡単に箇条書きしてみましょう。

1から4までが税理士業務のメインといえます。そして6はそれに付随して行われるポピュラーな業務といえます。

いまだ訴訟社会とまでは至っていないわが国においては5はあまり馴染みのない業務であり、また7にしても一部の者がやっているくらいのものです。

1　税務代理
2　税務書類の作成
3　税務相談
4　書面添付の業務

5　税理士法の第二条の二において「税理士は租税に関する事項について、裁判所において、補佐人として弁護士である訴訟代理人とともに出頭し陳述することができる」とあるように、補佐人としての業務
6　財務書類の作成、会計帳簿の記帳の代行その他財務に関する事務の業務
7　その他、地方公共団体の外部監査人となる業務

等々です。

図表4-2　わが国の税金の内容とそれを扱う役所

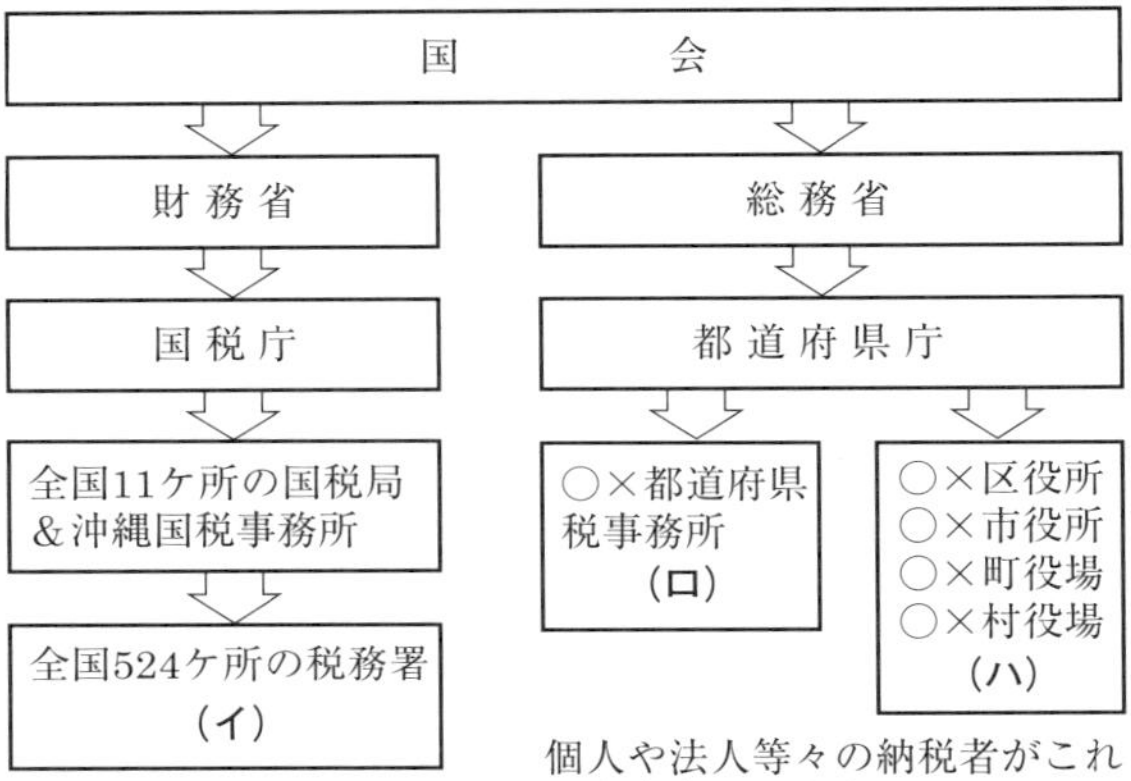
個人や法人等々の納税者がこれらを支えています。

(イ) ○×税務署  全国に524署あり	**直接税** 1 所得税 2 法人税 3 相続税 4 贈与税 5 地価税	**間接税** 1 消費税 2 自動車重量税 3 酒税 4 たばこ税 5 たばこ特別税 6 石油石炭税 7 石油ガス税	8 揮発油税 9 地方道路税 10 航空機燃料税 11 登録免許税 12 印紙税 13 関税 14 とん税 15 特別とん税 16 電源開発促進税

(ロ) ○×都道府県税事務所 	**直接税** 1 法人・個人都道府県民税 2 法人・個人事業税 3 自動車税 4 不動産取得税他 4 税目	**間接税** 1 地方消費税 2 道府県たばこ税 3 軽油取引税 4 ゴルフ場利用税

(ハ) ○×市区町村役場 	**直接税** 1 法人・個人市区町村民税 2 固定資産税他 9 税目	**間接税** 1 市町村たばこ税 2 入湯税

※ 直接税は税金の負担者と税金を納める者とが同一の税金
　間接税は税金の負担者と税金を納める者とが異なる税金

6 報酬算定の方法はそれぞれまちまち

■ 顧問報酬の相場は？

前節では税理士の業務内容を羅列してみましたが、それら業務内容についての仕事を依頼するとき、税理士はどのような基準あるいは方法で報酬額を決めるのかということについては、納税者にとって非常に興味深くまたもっとも知りたい事柄でしょう。

以下、詳しく示していくこととします。

まず、税理士は公共的な使命の業務をしている訳ですから、事務所の健全経営を図らねばならないことが前提となっています。

次に**適正な報酬**の算定方法として留意すべき点ですが、算定の基準と算定方法はクライアントに説明のつく合理性のあるものでなければならない、とされています。

しかし、税理士業界の分野においては様々な要因が複雑に絡んでいるため、一言で合理性といってもなかなか容易ではありません。

通常、市場原理に基づく**適正な報酬額**は、各々の税理士業務の原価計算による額とその役務（サービス）を受ける納税者の利益との交差する点で決定するのが一般的です。

ところで、報酬の請求形態としては①スポット的なケースにみられるような、何時間掛かったからいくらという時間計算、あるいは②月額いくらで決算時にはいくらというように、一定の固定額を定める固定額顧問契約等々様々な契約方法が考えられます。

しかし、どのような請求形態をとろうが**報酬が適正**であるというためには、まず基準となる報酬額がなくてはなりません。

日本税理士会連合会のガイドラインによりますと、

> 税理士の業務報酬は、**適正な専門家サービスの対価と事務所運営の費用**から構成されるものと考えられる。
>
> 「専門家サービスの対価」とは、税理士にとっては所得の額に相当するものであり、「事務所運営の費用」とは、いわば税理士業の経費であろう。
>
> 具体的には、専門家サービスの適正な年間対価の額と予想される年間事務所運営費用を年間業務時間で除した金額が、時間あたりの基準額となる。

（日本税理士会連合会業務対策部「税理士業務報酬算定に関するガイドライン（指針）」２００２年　13頁より引用）

となっています。

また、右にいう**適正な専門家サービスの対価の額**は、税理士自身の専門的能力や経験や実績等々総合的に勘案して各自算定します。

経験つまり場数を踏んでいるということは、類似事案を多くこなしているでしょうからポイントとなるようです。

さて、次に業務報酬算定のための**事務所運営の費用**を列挙しておきましょう。これらはすべてコストを構成する費目です。

１　事務所職員に関する費用…給与、通勤費、福利厚生費、法定福利費、研修費等

２　設備の維持に関する費用…家賃、光熱費、電算機関連費、減価償却費等

３　その他の経費…広告費、旅費、通信費、消耗品費、外注費等々

これら「適正な専門家サービスの対価の額」および「事務所運営の費用」を自己採点して最終的に税理士の業務報酬は決定しているようです。

（前掲書を参考に要約）

具体的には**事務所の職員の1人あたりの単価**を事務所運営の費用等から割り出し、次に**税理士本人の時間あたりの単価**を出し両者をプラスすることにより、まず事務所全体の時間あたりの報酬単価を決定していくのが標準的といえます。

とはいえ、このように適正な基準額を基に報酬を請求する場合にも、その契約・請求形態はそれこそ各人千差万別でしょう。たとえば、

1 **決算だけ**というように単独的なもの

2 **会計記帳代行と複数の税目の業務**が含まれたもの

3 **相続税**のようなスポットなもの

4 **法人税**のような長期的で継続的なもの

このようにいろいろな形態がありますが、ちょっと入りくんでいるので以下日本税理士

会連合会のガイドラインを次節で引用してみましょう。

図表4-3のイ　わが国の法人についての課税状況

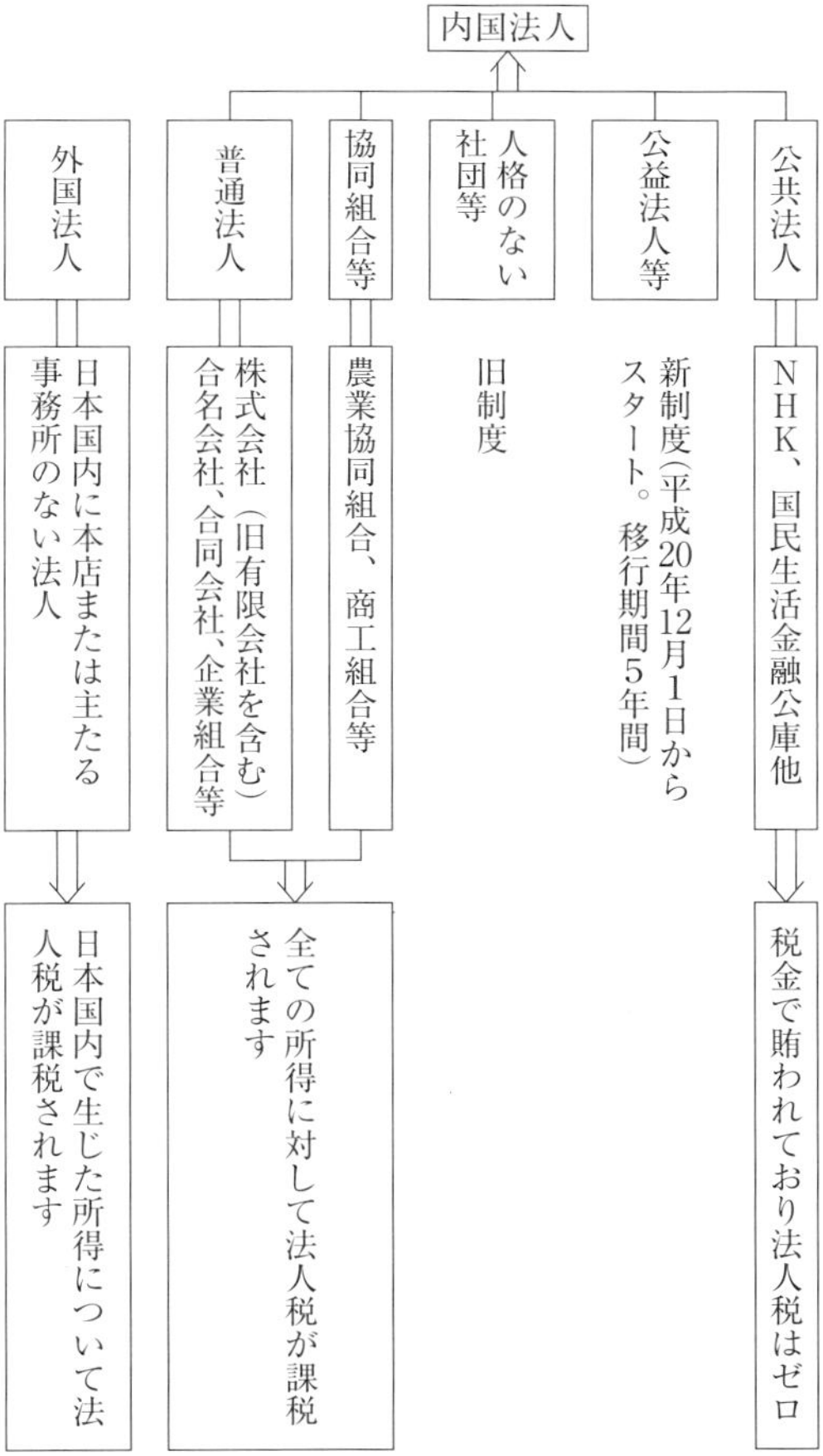

※人格のない社団等、公益法人等については次頁

図表4-3のロ　わが国の法人についての課税状況

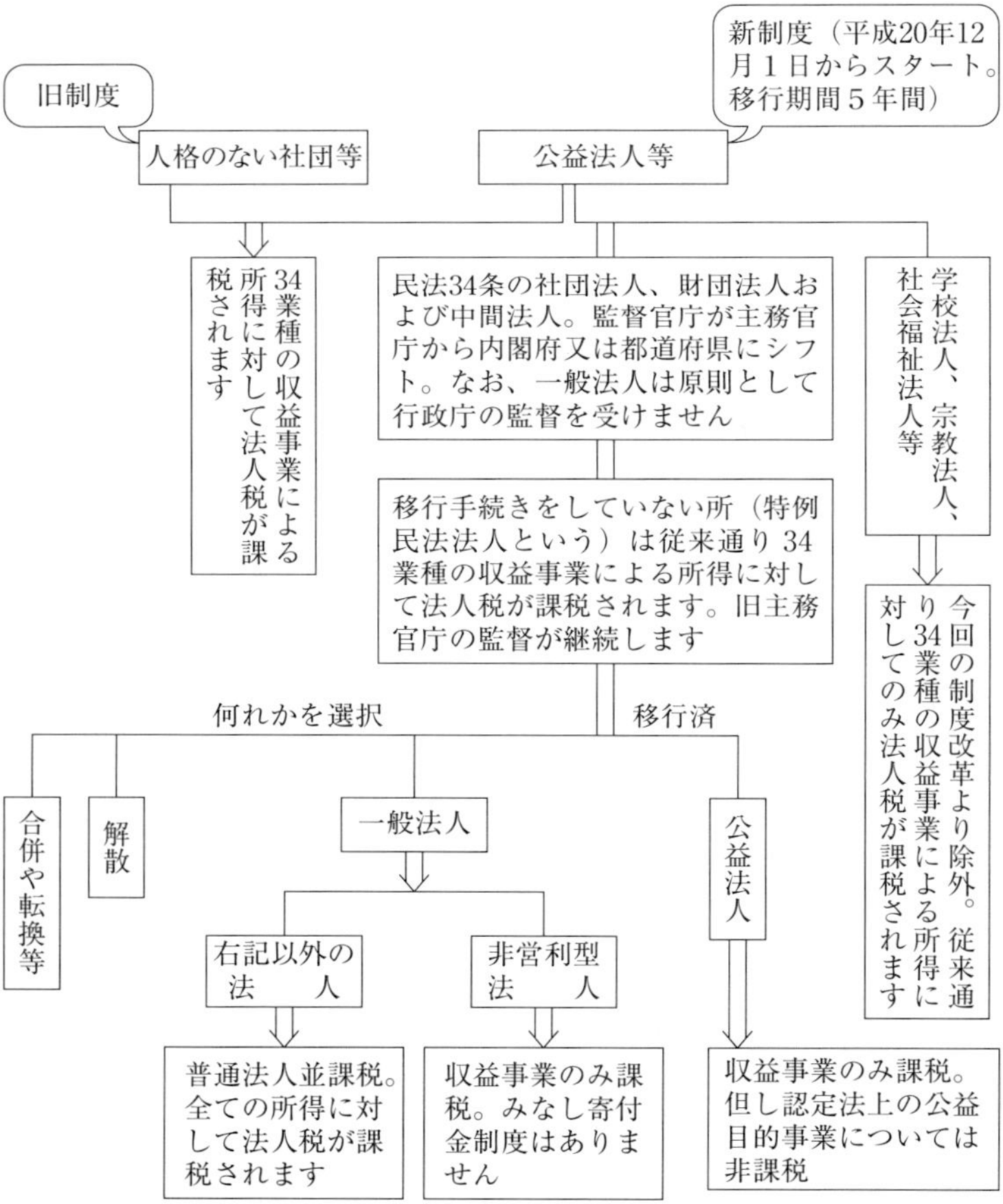

旧制度
新制度（平成20年12月１日からスタート。移行期間５年間）
人格のない社団等
公益法人等
34業種の収益事業による所得に対して法人税が課税されます
民法34条の社団法人、財団法人および中間法人。監督官庁が主務官庁から内閣府又は都道府県にシフト。なお、一般法人は原則として行政庁の監督を受けません
学校法人、宗教法人、社会福祉法人等
移行手続きをしていない所（特例民法法人という）は従来通り34業種の収益事業による所得に対して法人税が課税されます。旧主務官庁の監督が継続します
今回の制度改革より除外。従来通り34業種の収益事業による所得に対してのみ法人税が課税されます
何れかを選択
移行済
合併や転換等
解散
一般法人
公益法人
右記以外の法　人
非営利型法　人
普通法人並課税。全ての所得に対して法人税が課税されます
収益事業のみ課税。みなし寄付金制度はありません
収益事業のみ課税。但し認定法上の公益目的事業については非課税

7 委嘱者はどのような形態で税理士と契約をかわすのか？

■ 料金設定もそうそう簡単に割り切れるものではない！

日本税理士会連合会のガイドラインによると、税理士が委嘱者に請求する報酬形態を「基本的報酬形態」と「付加的報酬形態」とに分け、さらに業務内容を例示する形で説明しています。以下要約していきましょう。その前にその態様を示せば理解しやすいと思われますので図で示しておきましょう。

図表4-4　業務と報酬の契約形態のいろいろ

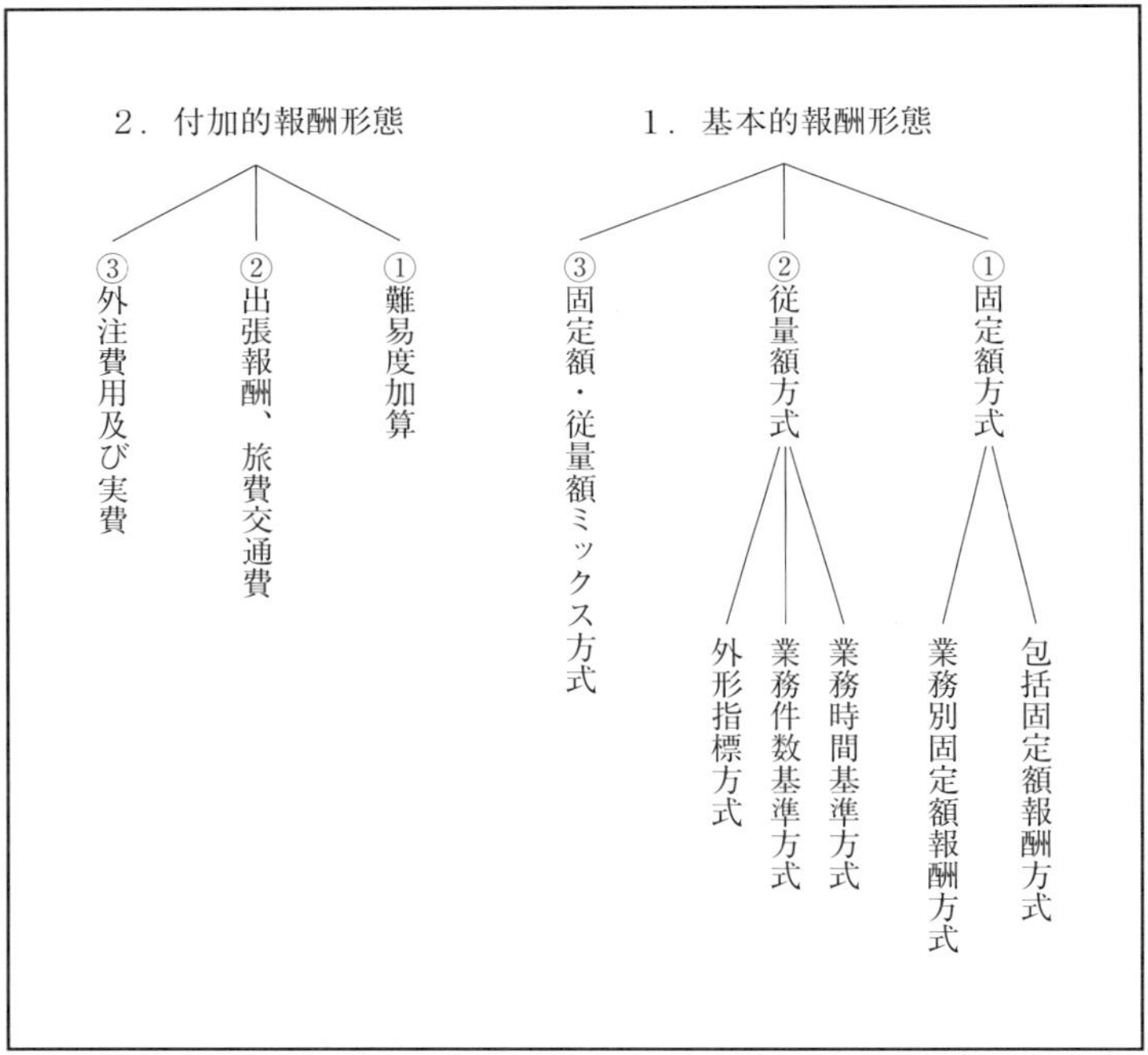

８　基本的報酬形態

１　固定額方式

「固定額方式」とは、あらかじめ想定した業務量を基に報酬金額を固定しておく契約形態です。従来より固定額方式の税理士顧問契約が一般的であったと思われます。たとえば「一括おまかせ料」といったようなもので、法人などに対しては、委嘱する納税者にとってとても簡素で望ましい形態です。

①　包括固定額報酬方式

法人、個人事業者など継続的に税務業務が生じる顧客を対象としたいわゆる税理士顧問契約には、従来より税務代理報酬と税務相談報酬を包括する固定額報酬契約が一般的でした。もっとも包括する範囲は合意により自由に決めることができます。

年総額を決める形式と月次報酬額をまず決め、決算申告時の時に別途決算料を定める形式があります。

法人税、消費税、法人事業税など基幹的税務のほか、源泉所得税までを含み固定額を契約することが多いでしょう。会計業務も合わせて契約することも少なくないものと思われます。

この契約形態では、受託業務の範囲を明確にしておくことが重要です。調査の立会報酬ですとか、年末調整業務ですとか、社会保険労務士業務など付随的業務については、この中に含まれるのか、あるいは別途請求すべき業務となるのかを明確にしておくことが後日トラブルを避けるため望ましいことといえるでしょう。

② 業務別固定額報酬方式

先に述べた包括固定額報酬方式と対比される形態として、個別の業務を明確にしながら、固定額報酬として契約する方式があります。

相続税申告業務を一括して固定額報酬で受任するような契約形態です。異議申立、審査請求業務などでもこのような業務別固定額報酬契約が採られることもあるでしょう。

2 従量額方式

「従量額方式」とは、作業量に応じて報酬金額が変動することを約してする方式です。その場合の作業量の指標としては、まず税理士サイドの投下業務時間数、日数、また業務の対象である伝票枚数、調査対象である不動産物件数などを基準にする形態と成果物である書類点数等を基準とする場合があります。また、委嘱者サイドの所得額、取引金額、税額など業務対象の多寡を基準におくことも考えられます。

①　業務時間基準方式

業務時間の時間あたり報酬単価を定めておき、その業務に携わった時間数を乗じて請求報酬額を算定する方式です。**時間単位**のほか、**日数（又は半日単位）**によること（日当方式）も考えられます。

専門家である税理士の業務時間数を基準とすることや、事務所職員を含めた事務所全体としての稼動時間数を基準とすることもできましょう。また、事務所職員の習熟度に応じて業務従事職員ごとに、基準額に差を設けることも考えられます。

税務相談に対する報酬は、その内容が事前に推し量れませんので、基本的に時間単位によることになるでしょう。調査の立会報酬を日数に応じて算定することも合理的です。

添付書面作成及び意見の聴取（税理士法第三三の二）に係る報酬、また異議申立書、審査請求書等の作成、訴訟補佐人などの権利救済業務に対する報酬も、時間を基礎に算定することができます。

また、相続税、贈与税及び譲渡所得税の申告に対する報酬、物納申請に対する報酬につきましては、業務時間を基準とする方式を採ることもできます。

② 業務件数基準方式

会計業務報酬を処理すべき伝票枚数あるいは仕訳件数を基準として、請求報酬額を算定することも考えられます。給与計算業務、年末調整業務を対象人数に応じて算出することも合理的でしょう。物納申請を対象物件数で算定することも考えられます。この場合には、業務量を示す合理的な対象を選定することに留意するといいでしょう。

③ 外形指標方式

税理士の業務の多くは、経験上、業務対象の外形的な大きさによって業務量が左右されると考えられます。委嘱納税者の事業に関する業務については、その年間取引高、資本金額、利益金額、従業員人数等の事業規模を示すものを外形指標としたり、相続税事案に関し相続財産総額、法定相続人人数等を外形的指標として、報酬金額とする方式が考えられます。

また、訴訟における補佐人業務は関与弁護士の報酬を基礎として税理士の報酬を算定することも考えられます。

3 固定額・従量額ミックス方式

報酬算定方式としては、**固定額方式**と**従量額方式**が基本ですが、現実の業務実態を考えれば、固定的な一定額を「基本報酬」と定め、業務量に応じた従量額を加算して報酬とする方式が適する場合が多いでしょう。

税務申告代理に当たって、一件当たりの「基本報酬」を定め、その上で委嘱納税者の事業規模、相続税においては相続財産総額に応じた額を加算して、報酬金額を定めることが考えられます。

こうした場合、その「基本報酬」には一定の範囲内の業務が含まれると考えられますから、その範囲はあらかじめ明確にしておくべきでしょう。納税額のいかんに関わらず申告代理・税務書類の作成業務に着手したら、当然なされる基礎的聴取・事実の収集等がこの「基本報酬」に対応するものといえるでしょう。

⑨　付加的報酬形態

1　難易度加算

事案によっては、特に**調査研究**を必要としたり、**外部専門家の協力**を要する場合も考えられます。また、期間間近で合理的な処理日数を確保し難い場合もあるでしょう。こうした様々な要因を考慮して、委嘱納税者の了解を得て本来の基本的報酬形態で算定する報酬額に加算することは可能でしょう。

2 出張報酬・旅費交通費

本来、税理士の業務はその事務所で行われることが基本であり、特に業務のため出張した場合の出張手当を定め、報酬として出張報酬を請求することもできます。その際、必要な旅費交通費・宿泊費も請求することができましょう。

3 外注費用及び実費

場合によっては**鑑定、資料の翻訳、調査等**を外部の者に委嘱せざるをえない場合もあるでしょう。このように外部に依頼することで発生する費用は、委嘱者の了解のもと、本来の報酬に加算して請求できるものと考えられます。

また、本来の報酬ではありませんが、受任業務のために特に要した実費費用を実費精算として報酬に加え請求できることは、当然です。ただし、特に要した費用の請求については、事前に定めておくことが望ましいといえるでしょう。

（日本税理士会連合会業務対策部「税理士業務報酬算定に関するガイドライン（指針）」２００２年 15頁から17頁の**V業務と報酬の契約形態と請求**を抜粋要約）

適正価格というけれど極論すればあってなきがごとし！
やはり明朗価格体系でやってもらえる所が一番！

第5章　この不況、デフレ下での頭のいい会計事務所の選び方についてのお話

1　10年経てばその差額で東京にマンション1戸が手に入る！

税理士の報酬額は、平成14年3月31日までは税理士会が会則で決めた「税理士業務報酬規定」を目安に決めていました。

しかし、現在は「適正な専門家サービスの対価の額」と「事務所運営の費用」をプラスして各々が適正に決定しています。

前者は税理士自身の能力や経験や実績の自己評価額であり、後者は家賃や所員の給与等でありました。

ところで、先に掲げた上田事務所と、委嘱換えする前の事務所との報酬額の開きの原因は何であったのでしょうか？

もう、お分かりでしょう！

前の事務所は所在地は家賃の高い東京、それに所員の数も十数名というかなり大きな会計事務所だったということです。

それにひきかえ上田事務所は実は本人と青色専従者である奥さん、それにパートの女性が1人いるだけのいたって零細（しかしこの規模の税理士事務所は多い）な会計事務所だったことです。

事実、都内に事務所を構える税理士は値段の高さからか事務所を借りているケースが多いのに比べ、埼玉や千葉で開業している税理士の多くは自宅か自己所有のマンションでやっているため家賃がかからないということです。

今や交通網は数年前とは比較にならないほど縦横無尽に張りめぐらされている関係上、衛星都市からは都内のどの地域にでも1時間以内で行けるという利便さです。

わたしは、かねてより税理士がよいサービスをするには、クライアントとの距離がある一定の範囲の距離内でなければならないと思っています。1時間以内で行き来できる範囲が理想的であるというのが、わたしの常日頃から抱いている持論でもあります。

あまり遠いと税理士の訪問頻度も落ちるし、よい決算書作成もできないし、丁寧な税務相談にも乗れないかもしれないからです。

つまり1時間以内で行き来できる距離だと、何の不便さもなく業務に支障をきたすこともありません。逆にあまりにも近い距離、たとえば同じ建物内であったり10分以内で行き来できる距離では知られたくないことも知られ、かえって都合の悪いことにもなりかねないというものです。事実本書を執筆している今も、あまり近くの税理士では困るのでお願いしたいという新規クライアントからの電話が入っています。

このように、都内から少し離れても、1時間以内で会える距離ですと仕事に支障はきたさず、事務所のコスト計算上からも会社が払う毎月の顧問料がグッと下がるということです。

わたしの感じるところでは埼玉の会計事務所と東京の会計事務所とを比較した場合、埼玉の会計事務所の方が3割は確実に値段が下がるのではないかと感じています。

長引く不況下でデフレのこの時代、この差は大きいといわねばなりません。委嘱税理士の違いによりこれほど価格に差があるというのにもかかわらず、やれ『人の紹介で』とか『切羽詰って』とか『銀行の紹介で』とか自分の意思によらずに顧問税理士を決めているのには驚くばかりです。

例えは悪いですが、これでは当たり馬券を競馬の予想屋に決めてもらっているようなものです。運よく当たればいいですが、外れの確率のほうが圧倒的に多いのもこの世の常でしょう。お断りしておきますがここで言っているのは金銭的（顧問報酬額）なことであって、税理士の全人格的なことを指しているわけではありません。

また、大きな会計事務所がいいのか零細の事務所がいいのか？　については「3人寄れば文殊の知恵」ではありませんが、大きな会計事務所はそれなりのメリットもないこともないでしょう。

しかし、顧客からすれば大きな事務所だからといって所長が直接やってくれるわけではありません。たいていの場合、担当してくれるのは若手の所員です。

さて、顧問報酬額の件に戻りますが、藤本は前の会計事務所には年間350万円払っていたのに対し、上田事務所には年間約160万円ですんでいました。

この中小企業の会社が前の会計事務所と後の会計事務所に支払っていた額の差は、年間190万円ということになります。

1年では190万円ですが10年だと1900万円になります。この不況下で不動産価値も下落している昨今、中古なら東京にマンションの1室くらい楽々手にできようというものです。

流れの早いこの時代、10年など瞬きする間でしかありません。

このように、会計事務所の間で顧問報酬に大差ができる大きな原因の1つには、報酬算

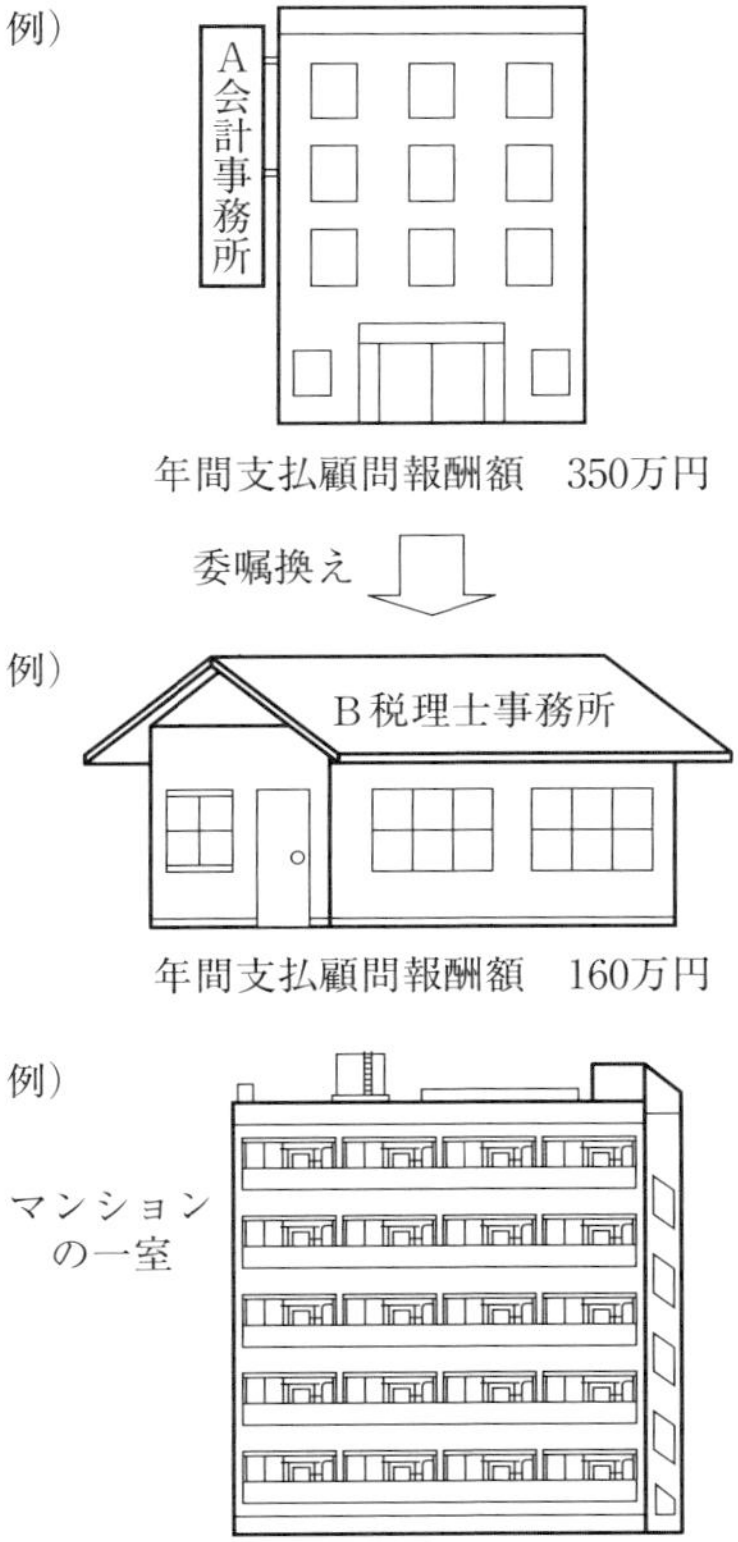

経費算入等の税金を度外視すれば1年間で190万円、10年間では1900万円にもなり東京都内でも中古マンションであれば一戸は手に入ります。

定基準が曖昧模糊なものであり、不透明なものであるところからきていると思われます。では次節においてはこの点についてもう少し詳しく説明していきましょう。

2　税理士という職業に対する認識次第

前節においては、10年でマンションが購入できるほどの顧問報酬額の差が出ることについて記述しました。なぜこれほどまでに違いが生じるかについては、先に示しましたように役務（サービス）の提供の職種の場合には、商品を仕入れたり製造するコストがないため、それぞれの会計事務所における税理士本人や、そこで働く所員（中には勤務税理士という有資格者もいます）の事情によって大きく異なるということです。

交渉術に長けた者や金銭に前向きな人は、製造原価（サービス業の場合は実際にはかかりません）分を巧みに販管費分に上乗せ計算し、顧問報酬額を請求することになるでしょう。しかし、だからといって何も悪いといっているわけではありません。その人に専門的能力があり、委嘱者がそれでいいとすれば、それだけのことですから。

■本田宗一郎は交渉ベタであった！

交渉術というと有名な人に本田宗一郎という人がいます。若者に人気のある自動車会社ホンダの創立者です。彼はご存知のように技術屋さんでした。若いときからモノ作りには抜群のセンスを持っていましたが、こと交渉術に関しては超のつくほどの交渉オンチであったといわれています。第1回全国自動車競走大会で、当時としては驚異的な記録、時速120キロを出す自動車を作った彼も、金銭面においては疎かったようです。次から次へといい修理をし、いい製品を作っても、いざ集金に行くとてんでダメでした。人柄のせいか交渉が苦手だったのです。ある日、そんな宗一郎の姿をみかねた友人が言ったといいます。

「そんなことをしていると今に破たんするよ！」

その後、彼はいい人を紹介してもらい、事業が順調に伸びていったことは皆さんの周知のところであります。金銭に関するかけひきが苦手だったのでしょう。鍛冶屋を父に持つ一徹さの現れであり、氏のほほえましさが伝わってくるようです。

以下、これは、**本田宗一郎語録の一節**です。

私が汗まみれになって働いていたから、本田技研は成功したというのは、私にだけ通用することであって、ほかの人には通用しない。その人その人によって、社長のやり方が違うのは当然である。

私は金をいじるのは不得手だから、人にやってもらう。私は不得手なことはやらず、得手のことしかやらないことにしている。

（本田宗一郎著「得手に帆あげて」2000年 三笠書房 148頁）

わたしはなぜ本田宗一郎氏のことをここに出したかといいますと、実は彼のようにこと仕事に関しては他の追随を許さないほどの腕の持ち主ですが、金銭面においてはからっきし意気地がなくなる、というような税理士がこの業界には多くみられるように思えるからです。

まさに〝天二物を与えず〟といったところでしょうか！

税理士は親の後を継ぐケースもありますが、もともとは組織を嫌う独立志向の者が多いのです。中には企業の営業畑出身の者もいるにはいますが、数少ないといっていいでしょう。職種がらその多くは経理畑出身で、人づきあいをあまり好まない人たちであると見受けられます。

営業活動はおろか、高倉健ではありませんが不器用者が多い業界なのです。話を元に戻しましょう。税理士と委嘱者の両者が互いに納得すれば、それはそれで契約成立となるわけですから。

また、この業界は案外閉鎖的（？）な面があり、表に出てこないという業界でもあります。

通常、物品販売業や製造業において同業他者と競争する場合、まず製品が他社より抜きんでていなければならないということ、次に、販売費と管理費の面で企業努力しなければならないということ、この2度他社との競争があります。

したがって、このケースでは他社と製品を比較した場合に、よほどの品質の差がないかぎりは驚くほどの価格差は生じないでしょう。

しかし、税理士業におけるような役務の提供となるとこれが一変します。

先にも記述しましたように、この職業をどのように認識するかにより大きく異なってくるということです。たとえば、製造コスト分もコストに入れようとする人もいるでしょうし、またそれは請求しないで販管費だけという人もいるでしょう。

ストーリー風に綴った上田氏の例にみられるように、1億円の豪邸を3千万円で建てても利益は出るのです。この業種はそれほど大きな差の出る職業であるともいえます。

またそこでサービス（一般職種における商品）が悪くなるかというと必ずしもそうとは限りません。

先の上田氏の例からも分かりますように、むしろ前任の事務所よりサービスが向上している場合もあります。

これは少しレアなケースであるかもしれませんが、今や簿記知識がなくてもコンピュータがすべてやってくれる時代、法人税の申告書にしてもそれようのソフトがありますから、1部上場に近いような大きな企業ならいざ知らず、決算申告書等の申告サービスはどこがやってもそう大きな所得金額（税額に通じる）の差がないといえるでしょう。

では次節ではさらにこの点について続けることとします。

3　都心部の会計事務所と地方都市の会計事務所との顧問報酬額の違いはどこからくるのか？

前々節において上田氏の事務所と前の会計事務所とを比較した場合、その支払報酬額は年間190万円の差があることを示しました。

また、上田氏の事務所と委嘱する前の会計事務所との地域や規模、あるいは事務所の状況についても記述しました。

前の事務所の所在地は東京都であるのに対し、上田氏の事務所は埼玉県のＴ市です。

また、事務所の規模も前の事務所は所員十数名かかえていたのに対し、上田氏の事務所は奥さんとパートの女性の総勢３名の小規模な会計事務所でした。

また、前の事務所は実はビルの１フロアを借りていたのに対し、上田氏は自宅の一部を事務所に当てていました。

つまり**両者の採算点**が格段に違っていたのです。

前の事務所の所長や上田氏は、税理士という職業を商売と捉えていたかどうかは定かではありませんが（しかし少なくとも上田氏の場合、外見上は赤ひげ先生のようであるため、税理士業務を商売とは捉えていなかったでしょう）、先の報酬額を算定するところで述べましたように、前の人は通常どおりの報酬額を算定して請求していたのに対し、上田は家賃は自宅だからゼロ従業員にしても、奥さんとパートだからわずかしか乗っけていなかったのだろうと推測できます。その他減価償却費や旅費等々に関しても原価に入れていなかったのでしょう。

いずれにしろ家賃や人件費、その他の経費は都心部より遠く離れれば離れるほど安くなっていくし、それに伴って顧問報酬額が安くなっていくというのはいわば業界の常識になっています。つまり地方都市も多少の例外はあるにしても都心部から遠ければ遠いほど安くなるということです。

事実、よほどの特殊事情がない限り、都心部のクライアントがそれまで都内の会計事務所に委嘱していたのを、1時間程度で行き来できる衛星都市の会計事務所に委嘱換えした途端、3割程度安くなったとはしばしば仄聞することです。

これは大阪や京都、福岡、名古屋、仙台、札幌等々についても当てはまるのではないかと思われます。

仮に千代田区や中央区、新宿区といった東京でも高級商業地といえるところでの家賃は目も飛び出るほど高いでしょうし、埼玉県の地方都市の家賃とでは比較にならないでしょう。

これひとつとっても、都心部の事務所の原価を確実に押し上げる結果となっています。

重ねて言いますが都内に事務所を構える会計事務所と、そこから電車で1時間程度離れた地域に事務所を置く会計事務所とでは、原価の計算上は2ないし3割ほどの差があるでしょう！

もちろん、地方の事務所の方が格安であることはいうまでもありません。

後日、誤解を招かないためにいっておきますが、これは家賃であるとかその他の経費をコスト計算した場合のことをいっているに過ぎないということです。

委嘱者と受任者との間には金銭でははかり知れない様々な要因が複雑に絡み合い、単純なものでないことは理解できます！

しかし、ここでの主眼は**金銭という側面から見て**、いかなる会計（税理士）事務所を選ぶのが賢明であるかということです。本書のタイトルである「顧問報酬から見た　会計・税理士事務所の選び方」はそういったことにウェイトを置き、書きました。そのため信頼関係等については極力避けています。

特に会社と事務所との距離が1時間以内で行き来できるくらいの会計事務所は狙い目で、この電子情報化時代、何の不便さも業務上の支障もないと思われますが、読者の皆さんはどう考えられるでしょうか？

4 顧問報酬が高い場合の委嘱換えをする方法は？

わたしは今から20年ほど前に税務研究会出版局より**「タイプ別税理士活用法」**というタイトルの本を出版したことがあります。この頃の税理士業界は現在とはまったく様相を異にし、広告活動も税理士法第三九条、旧規律規則取扱細則第一一条より規制されていました。

■ 広告も事実上解禁に！

しかし、時代は変遷し、これも報酬規定の廃止と軌を一にするかのように平成14年5月17日に制定された**「会員の業務の広告に関する細則」**により、事実上税理士に対する広告規制も廃止されました。つまり虚偽、誇大広告等の広告は許されませんが、税理士会会員の業務の広告は原則上自由となったのです。

実はわたしも改めて当時の著書をひも解いて読み直してみますと、広告に関することも業界全体のことも、今の現況になることをまるで透し眼鏡で見たかのようにそのまま予測していたことがよく分かります。

それはともかく当時と今とでは税理士業界のみならず、税務行政そのものが大きく変化してきているように思えます。

ところで、その折わたしの拙著において納税者の税理士、公認会計士等職業会計人のサービスに対する意識調査のアンケートを掲げていました。調査の対象者は零細事業者とされています。

それによると職業会計人に対して

全く不満がない　48・9％　多少不満がある　46・4％

大いに不満がある　4・6％

となっています。

そして、多少不満があると思っている46・4％の内容は、

我慢する・変えるのがわずらわしい・適当な人が見付からない・トラブルが起こると困る・内情を他人に知られると困る・顧問料が安い　等々となっています。

（『東京税理士界』昭和57年6月11日より引用）

どうでしょうか？　この数字を見られて……。初めてこの数字を見る人は「そんなに多くの人が不満を抱いていたのか」と驚かれたでしょう。

そして、当時と今とでは何処がどう違うでしょうか?

まず、当時と今とでは需要と供給との関係、つまり売り手市場であった当時に比べ今は買い手市場(当時に比べ今は税理士数がほぼ倍増)になっているように市場が逆転現象をおこしています。いかなる職種もいい時は30年も続かないという経済の鉄則がありますが、この業界とて例外ではないということです。

また、価値観の多様化、あるいは不況下でデフレがまん延している今日では当時より委嘱換えを思慮している納税者は圧倒的に多くなっていると考えられます。

ここで広告規制の撤廃と委嘱換えについて少し記述してみましょう。

広告規制の撤廃は、このコンピュータ時代において業界に多くの刺激を与えると同時に様々な現象を生起させています。納税者はまず、その税理士のサービス内容あるいは人となり等の詳細について一応インターネットなどで調べるでしょうが、その中味までは分かりませんので報酬料金で勝負することになるでしょう。顔写真は見れてもフェイス・トゥー・フェイスとまではいかないためです。次に、その税理士の中味が判明してきて報酬料金にあったサービスをしてくれればそれはそれでいいでしょう。が、顧問報酬が高いわりにはサービスがあまりに低すぎるといったような場合も多々あるように仄聞します。

たとえば、ある極端なお見合い写真のように「あれ、この人がこの人か?」と間違われるようなミスマッチの場合であり、納税者の方も委嘱換えを考えるでしょう。そして、最後は企業防衛のため、料金が安くてサービスが思いの外いいといった人に落ちつくのではないでしょうか!

ここでちょっとミスマッチが起こる原因について**俯瞰的**に見てみたいと思います。

まず、基本的にはクライアントの求めるサービス内容と、その税理士の持っている得意分野とが合致しないということに尽きるでしょう。

たとえば、クライアントが法人税の節税に強い税理士を求めているのにかかわらず、その分野にはあまり知識を持たない税理士であった場合。あるいはクライアントが経営分析や財務分析、労務管理等々に明るい税理士を求めているのにかかわらず、まったくその分野に精通していない税理士であった場合。また報酬料金のことに関しましても、両者の間に大きな隔たりがあり、顧問報酬とサービス内容との間にバランスがとれていないケースなどが考えられます。

ところで、これについて両者の間に**齟齬をきたす具体的原因**について、もう少し詳細に記述しておきましょう。それはクライアントの求める役務の内容はどういった要素で構成されているかを知ればよく理解できます。つまりクライアントのみならず、税理士とも関係することですが、一方に報酬料金があるとすれば、それに対置される役務の内容との間にバランスがとれているかどうかということです。

まず、構成要素として頭に浮かぶのは税理士の仕事に対する**真摯さ**でしょう。これは経営哲学のピーター・F・ドラッカーもその重要性をあげています。次に**勉強家（意欲的）**であるかどうか、そして**任務の遂行力**あるいは**税法解釈への執着性**、次に**場数（事例の経験性）**、**趣味（馬が合うかどうか）**といったことをトータル的に勘案したところで納得がいくかどうかということでしょう。

そのギャップの度合にもよりますが、納得がいかない場合がミスマッチということになるのでしょう。他面、細かな点では家賃、人件費を会計事務所はコストに入れているのに、クライアントの方はそのように認識していなかったような場合などが考えられます。

さて、話を戻すとして、昨今のようにインターネットが一般的に普及してきたせいか業界の実態を見ていますと、以前は大騒ぎしたりトラブルに発展していた**委嘱換え**も最近は比較的にスムースに行われているのかあまり紛糾したことは耳にしません。

それよりも、最近の傾向としてはむしろ**事業承継問題**がうまくいかず、顧客まるごと他の税理士事務所に売買するといった事例が多くみられます。

以前からＯＢ税理士の先生が亡くなると、その後に別の天下り税理士が入ってくるという形態は一般化しています。

わたしの知っている元某国税局の課長が、永年ＯＢ税理士として会計事務所をやってきましたが十数年前に亡くなりました。その後任にやはり天下りのＯＢ税理士が後を継いだのです。しかし、5年も経たずに神経をすりへらし他界しました。その後任者も、やはり少し前に税務署を退職したＯＢ税理士でした。が、その彼もわずか2、3年でしかも60半ばという若さでこの世から旅立ちました。いずれの先生とも生前よく語らいましたが、先生と顧客と従業員との軋轢がストレスを増幅させていたようです。特に古手株の従業員と新参者の先生ではソリを合わせるのは至難のワザでした。やはり自分で一から開拓した顧客でないと胸襟を開いた関係になるのも難しく、また従業員と和を持つことも並みの苦労ではできないからでしょう。従業員からすれば新任の先生は「受け入れないぞ」という意識が強かったのでしょう。


このように、ＯＢ税理士の場合には顧客まるごと別の先生に鞍替えするというようなことが日常的に行われてきましたが、普通の会計事務所も昨今は顧客をそっくりそのまま売買してしまおうという傾向がみられるのです。

いわゆるＭ＆Ａの会計事務所版といったところでしょう。

後継者問題を回避するため平成13年の法改正でできた税理士法人制度も時代の潮流には逆らえず、大規模な吸収合併問題が次々出回っているようです。

事業承継問題がいかに深刻な問題であるとはいえ、業界でも意見の分かれるところでしょう。なにしろ顧問先付事務所売買、ということは何も知らされていない顧客が勝手にオークションにかけられているようなものです。クライアントを無視した方法は「客は商品か？」ということにもなりかねません。

しかし、戦後60余年というのがちょうどそういう節目で、何があっても不思議ではないと思ったりもします。

委嘱換えに対する危機観念がなくなったのかあるいは若い世代がドライになったのか？しかし、最も大きな要因は税務業界に対する正しい認識が浸透してきたためと思われます。

いずれにしろ社会がグローバル化し、外国人が多く法人を設立している昨今は明らかに納税者に意識変化が生じているといえます。

ところで納税者が委嘱換えに躊躇するのは先のアンケートの多少不満があるの内容に加え、

1　財布を握られている　2　多少とも不正行為を握られている　3　私生活の秘密や恥部を握られている　等々が考えられます。

しかし、税理士には「守秘義務」というのが税理士法第三八条において規定され、これに違反した場合には同第五九条において2年以下の懲役か100万円以下の罰金が科せられるので、よほどのことがない限り納税者が懸念しているようなことは杞憂に終わるといっていいでしょう。仮にそういうことがあっても多くの場合、委嘱換え後の税理士がうまい具合につくろってくれるはずです。

さて、最初に経営者と税理士が出会う接点は、知人や銀行からの紹介あるいは電話帳の広告欄、インターネットからのものでしょう。が、ある意味自分の将来を託すことにもなりかねない顧問税理士を安直に依頼してはならないとも考えられます。

まず**自分の求める税理士像**をよく理解しなければなりません。

「大きな会計事務所かそれとも小さな会計事務所か」「誠実な人で信頼できる人

か」「人間的にはイマイチだが仕事ができる人か」「経営助言してくれる人か」「学生時代からの気のおけないポン友であるか」「会社と事務所との距離は1時間以内か」「同年配の人がいいのか経験豊富な人がいいのか」「他の士業者と交流を持っているか」「会計事務所のみの経歴しかない税理士ではないか」「ウマが合う人か」

等々様々なことを選定基準にできますが、不幸にして自分の願う税理士と出会えなければ出会うまで探すしかありません。わが国は自由競争社会であるということを忘れてはなりません。

むろん後々禍根を残さないためにもケンカ別れは避けたほうがいいでしょう。

とはいえ、今日のようにデフレスパイラル状況になってきますと、経営者も生き延びていくために経済効率なり合理化を図らなければ、この厳しい現実社会を乗り切っていくのは容易なことではありません。従来は税理士の委嘱換えや顧客の争奪合戦は斯界の「ご法度」とされていました。しかし、平成23年の税理士業界では次のようなことがごく当たり前となるかもしれません。

○×会計事務所の固定電話のベルがけたたましく鳴った。

ルーンルーンルーン…。

「もしもし」

心持ち性急な発音が耳に響いた。

「はい、〇×会計事務所です」

「あ～先生ですか。品川資材の△△ですが…先生には長い間お世話になったので話しにくいのですが、一応今月かぎりで先生との契約を終わらせていただきたいのです。

といいますのも実はこの度わたしの知り合いに会計事務所を開いた者がいるのです。開業したてなので安くやってくれると申しますし、またわたしも開業間もない彼を少し応援したくて…。本当に長い間お世話になりましたけど、そのような事情で今月いっぱいで一応契約を終わらせていただきたいと思いまして…」

「そうですか。そのような事情であれば…うちの方も△△さんには随分と長い間お世話になりました。ではお仕事の方益々がんばってください」


というように、一方的に顧問を解除されるケースが頻繁に起こりうる社会になってくるでしょう。また、逆に国際化あるいは複雑多岐化する税制の下税理士の方から、何かのトラブルで委任関係を断るケースも頻発しそうです。税理士とクライアントとの信頼関係がこれまでよりも明らかに希薄になってきていることは確かです。

近い将来、これらの顧問契約は極論ではありますが携帯電話の機種変更のように手軽にコロコロ変更される時代が来そうな気もします。

この**業界の全体のパイも今や1兆円**に満たない数字にまで落ち込んできていると耳にします。会計事務所の冬の時代到来という感じは否めません。しかしこの試練を様々な人々の知恵で乗り越えてこそ新しいジャンルが芽吹こうというものです。

いずれにしろ今は会計事務所の世界に革命の嵐が吹こうとしています。

これらの現象はインターネットが直接の原因ではないまでも、遠因になっていることだけは確かであるといわねばなりません。

5　では商売人的税理士と公共的税理士とでは現在どちらが多いか?

税理士の業界にも**広告規制が緩和**され、また**税理士業務報酬規定が廃止**されたことに伴い、多くの税理士事務所ではインターネットでホームページを掲載するようになりました。
それぞれが独自の原価計算方法で報酬額をはじきだしているのでしょうが物理面、物価面、市場面等々から推測しても、都心部の会計事務所より衛星都市さらにはもっと都落ちした地方都市の方が安くなるのは当然といえるでしょう。ところで、現在税理士業界において商売人的な税理士と公共的職業意識を持つ税理士のどちらが多いかというと、趨勢としては算術的考えの商人的税理士が圧倒的に多いように見受けられます。

医者にも仁術を旨とする人と算術に長けている人がいるように、税理士業界にもその業務を公共的色彩の濃いものと把握している者と、税理士業務をあくまでも営利の一貫としてとらえ、儲け一辺倒と把握している者の2種類いることが分かります。

たとえは悪いですが、ぼったくりBARと明朗会計の違いを想像してみてください。ひどくなると年収いくらいくら稼げてなんぼ、稼げない税理士はまるで〝平家人にあらずんば人にあらず〟といったように資格否定する者までいる始末です。むろんこのような人は税理士＝商売人と把握している人です。もっともその人の人生観でやっているのでしょうから、誰からも非難される類いのことではありませんが！

このように両者の間にはかなりの乖離があります。

ただ1つこういう側面もあります。つまり顧問料の高さがイコール事務処理能力であるとは限りませんが、料金が高ければその仕事に対するモチベーションが高くなるのは人情ではあるという点です。

重ねていいますが、税理士は先にも記述しましたように商業界と異なり商人ではありません。平たくいえば社会に奉仕することが主眼です。

しかし、人間としての性なのか？　やはり今日のように唯物論的社会だと拝金主義がまん延し、税理士もカネに弱くなるということでしょうか！　これも時代の流れでしょう。原因は『広告規制の緩和』あるいは『税理士業務報酬規定の撤廃』ともリンクしていると思われます。それの証として「会計事務所の利益拡大はこの手で！」とか「顧客獲得には○○の方法で」とか「3年で顧客を150件獲得した実績のある人の話」であるとか「クライアントを増やす方法を教えます。…ただし残りあと10人」等々のファックスが連日連夜五月雨のごとく送付されてきます。紙代がちょっと心配になるほどに！

わが敵はまさに本能寺にあり、という頼山陽の詩の一節ではありませんが、まさに敵は同業者にありといったサバイバルな時代が到来したといっても過言ではありません。

それほど熾烈な競争の中にいますと、やはり商売人的な発想の税理士が多くなってもやむを得ない状況なのかもしれません。

ところで、商売人的税理士と公共的税理士とのどちらが多いかということより、その実態はどうなのかとの問いに本音を吐露すれば、おそらく多くの事務所開業者は取りやすいところからいただいている、といったのが実情でしょう。

ちょっと意味あいが異なるかもしれませんが、宗教法人、特に包括宗教法人などでよく見られる光景に、取りやすい信者から取るということがあります。これは至極当然のことで金持ちのケチから取っても多寡が知れています。例外もありますが、基本的には金持ちは金を出さないがために多くの金を持っているのです。金満家の政治家が自己の利益とならない他人のために金を出しますか？　寄付をしますか？　絶対に寄付をしないのと同様です。いずれにしろ何処の宗教法人の信者も貧乏人が多く見受けられます。気前よく喜捨するためにいつも手元不如意でピーピーしています。ふところ具合の潤沢なのは税金を優遇されている宗教法人と教祖様とその側近だけなのです。

しかし、宗教法人と税理士との決定的な違いは税理士は金のない人相手では金は取れないということです。

多くの税理士も物欲があるかぎり、人の常として取りやすいところから取るというのが本心かもしれません。

しかし、よくよく考えてみれば税そのものがそういった性質を本来持っています。税金というのは誕生してから消滅するまで3段階に分かれています。つまりどの層（富裕層とか職業層とか年齢層とか等々）からどれくらい集めればいいかということを、国会議員が立法化することによって誕生し、次にその法律に従って国税庁が税を徴収し最終的に国家予算を組むことによって消滅します。

この場合、第1段階としての立法段階におきましては、国会議員は票田のことが頭にちらつき、できるだけ取りやすいところから取ろうとする法律を通そうとします。

次に、税の徴収段階におきましても、やはり税務当局も取りやすいところから取ろうとする傾向は否めないでしょう。

最終の予算段階では逆に他人の金であるという税の性質上、取りやすいところに予算をつけるという税の分捕り合戦が行われる傾向にあります。

このように税そのものが持つ「取りやすいところから取る」という性格が税理士界にも伝染したのかもしれません。それとも人が潜在的に持っている物欲に対する執着から逃れられないためなのでしょうか?

6 納税者が税理士にあまりしない方がいいこと

納税者と税理士はかなり親密(?)な関係にあるといっていいでしょう。それは時として奥さんにも、ましてや従業員に対してはさらさら言えないようなことも、心底打ちあけ相談に乗ってもらうこともあるからです。

つまり、〝親の血をひく兄弟よりも〟ではありませんが、固い絆と申しますか一種の信頼関係によって結ばれているというものです。

したがって、税理士サイドから見て納税者にあまりしてもらいたくない行動、逆にいえば納税者としてとらない方がいいことをそっと打ち明けましょう。

もっとも、最近ある知人から耳にした話ですが、その知人と懇意にしている同業の社長の会社に、ある日税務調査が入りました。顧問税理士は若手の女性税理士であったということですが、会社の規模の割には多額の1500万円ほどの追徴金を納めなければならない事態になったとのことです。怒った社長は即刻その税理士をクビにしたということです。

詳細についてはよく知りませんが、こういう顛末では社長が立腹するのは当然で、そのような行動に走るのもまた当然で、この節では論外の話です。

しない方がいいことの1番は「過度な節税対策」の強要です。

後は列挙していきましょう。

たとえば、税務調査の折、たまたま若い税務職員が来てそれなりに税額がでても、「若いのにしっかり急所をおさえて取っていくね。さすがだわね」というようなことは言わない方がいいでしょう。顧問契約を破棄しようとしているのであれば、それはそれでいいと思いますけど。納税者の気持ちも分からないでもありませんが、ないようであるのが矜持ともいいます。若い職員が来たからといって上司（上席調査官とか統括調査官）にいろいろ指導をあおぎ調査を進めているのですから、多少の税額が出るのは当たり前のこと。税理士は税理士で別に考えがあるのでしょうし、税理士のプライドを傷つけるのはあまり利口な行動だと思いません。

次に、あまりにも相場を知らなさすぎの納税者とでもいいますか、以前業績が悪化した時にはいち早く値下げしろ値下げしろと息巻いた過去のある人が、今度は風向きが一転して業績が順調に伸びているにもかかわらず一向に値上げのネも口に出そうとしない。そのような納税者は嫌われます。

なぜなら業績が上がればそれだけ**高度な税務知識**が必要だということを理解しなければなりませんし、税理士もそれなりにリスクが高くなるからです。ですからこういう態度はしない方がいいでしょう。

最後に**脱税の相談は持ちかけるな**、ということです。

これを天職としている者にとっては言語道断というべきでしょう。はっきり言って何千万円もらっても脱税の片棒を担ぐ税理士はいないでしょう。仮にあるとすれば恐いことです。**多額の顧問料は脱税幇助の一里塚**ともなりかねないからです。

納税者が税理士に脱税を持ちかけても断る理由に、税理士には税理士なりのお家の事情があるということです。

以下は関東信越税理士会による税理士の懲戒処分についての事例です。少し抜粋して引用してみましょう。

1　脱税相談及び故意による不真正税務書類の作成（複数の不正行為）

（事例）税理士Aは、関与先であるZ社の代表取締役から依頼を受け、同社と税理士の知人との間で架空の業務委託契約書を作成し、これに基づき架空の外注費を計上することにより、所得金額を不正に圧縮した申告書を作成した。

（条文）　税理士法第三六条違反、第四五条第一項該当

（量定）六月以上一年以内の税理士業務の停止又は税理士業務の禁止

（解説）税理士が脱税相談に応じるなど不正に加担する行為は、脱税相談に該当する。

事例においては、税理士が関与先と知人との間で架空の業務委託契約書を作成するなど不正行為に具体的に加担しており、更に、架空外注費の計上を認識した上で、故意に真正の事実に反して法人税の確定申告書を作成した事実も認められる。

このため、事例の量定は、それぞれの違反行為について算定した量定を合計したものとなる。（平成20年財務省告示第104号I・第2）

2　故意による不真正税務書類の作成（関与先からの要請）

（事例）税理士Cは、関与先であるX社の法人税の確定申告に当たり、同社の代表取締役からの強い要請を一度は断ったものの、決算に際して貸付金を仕入に振替処理（架空仕入の計上）することにより、所得金額を不正に圧縮した申告書を作成した。

（条文）税理士法第四五条第一項該当

（量定）六月以上一年以内の税理士業務の停止又は税理士業務の禁止

（解説）税理士は、代表取締役からの申入れを一度は断ったものの、重ねて強い要請を受けて、説得を断念し、決算に際して仮装経理を実行し、法人税の確定申告書を作成していることから、「故意に真正の事実に反して税務書類の作成をしたとき」に該当することとなる。

3　脱税相談等

（事例）税理士Ｅは、関与先であるＵ社の法人税の確定申告に当たり、同社の代表取締役から依頼を受け、架空の顧問料支払を計上させる方法等を指南し、不正に法人税を免れさせた。

（条文）　税理士法第三六条違反、第四五条第一項該当

（量定）　六月以上一年以内の税理士業務の停止又は税理士業務の禁止

（解説）　関与先が、複数の税理士と顧問契約を締結している場合、税務相談のみを担当するケースもある。事例の場合は、確定申告書は他の税理士が作成しているものの、関与先に対して脱税の方法を指南していることから、「脱税相談等」に該当することとなる。

（埼玉県連マンスリー　平成22年5月1日発行　NO・397付録より抜粋引用）

このような事情もありますが、脱税行為は社会全体に対する裏切り行為であり、税法的には**破廉恥罪**となるため絶対に避けてください。

第三編　税金よもやま話

税理士に委嘱しているしていないに関わらず、納税者の方が知っていれば得をすることについて分かりやすく解説。

第6章　税金アラカルト・知って得するお話

1　税務調査での内部「留保」処分と「社外流出」処分では天と地ほどの大違い

■税理士委嘱の集大成

洋の東西を問わず、国民は独立して会社を起こしたり、会社に勤めたり、公務員になったり、労働という社会貢献を終え、年金生活者になったりと、それこそ千差万別の生活を送っています。

ところで、個人であれ法人であれ企業を経営している者にとっては、法律に沿った事業所得税なり法人税を納めなければならないことになっています。しかし、政治的な見地からそこまで国家が、いや、国民が面倒を見る必要はないのではないかと思われるほど限度を超えて課税の免除あるいは軽減が行われている場合もあります。たとえていえば、公共法人であったり宗教法人、学校法人等々の公益法人の類です。

このような特殊なケースはさておき、一般的には税法に沿って税金を納付しなければならないのに、人あるいは会社によっては法律どおりにそれを納めたがらない人達もこの世には存在します。

つまり申告漏れ、ときには脱税と称されるものです。

これは決して得するものではないことを深く心に留め置くべきでしょう。

ところでその基本的なものに4つのパターンがあります。

1　損失勘定を増やし資産勘定を減らす方法

例　工具器具備品（資産勘定）を消耗工具費（損失勘定）に振り替える方法

2　損失勘定を増やし負債勘定を増やす方法

例　雑費（損失勘定）を増やし未払費用（負債勘定）を立てる方法

3　利益勘定を減らし資産勘定を減らす方法

例　売上（利益勘定）を簿外預金（資産勘定）にする方法

4　利益勘定を減らし負債勘定を増やす方法
例　売上（利益勘定）を前受金（負債勘定）に振り替える方法

以上が課税所得を少なくする逆粉飾の4つの形態ですが、これを別角度から見ますと①売上の過小計上②仕入の過大計上③期末棚卸商・製品の過小計上④雑益等の過小計上⑤資本的支出の仮装経理⑥経費の水増しや架空経費の計上等々といったことが考えられます。そしてこれらの項目がときには単一的であったりあるいは複合的に巧妙に仕組まれたものであったりと、種々様々なケースがあるようです。

また、これらはケアレス・ミス的なものであったりそうではない場合もあると思われますが、一般的に税務調査の結果、どのようなケースが納税者にとってより痛手になるかについて例を掲げてみたいと思います。納税者から見て痛手が深くなるようなケースの行動は絶対とるべきではありません。

なぜなら税務調査は1年間だけではありません。**通常5年間**もの非違経理（何も不正を行ったということばかりではなく税法上間違った処理をしていたということをも含みます）を一気に軌道修正させられるのです。
予測の立てられる出費ならいいのですが、多額のそれも突然の出費となればダメージは大きく、時として企業経営の危機に瀕することにもなりかねません。人体にたとえれば突発的な事故に遭遇し、出血多量で生命の危機に瀕するようなもので、絶対日頃から注意をはらい、避けねばならない行為でしょう。

さて、税務調査があった場合「更正処分」となることもありますが、一般的には「修正申告」で済まされる場合がほとんどです。課税庁も納税者もそれを好むからです。理由は納税者側は金銭的にも時間的にも余計な浪費をしたくないし、一方課税庁側も更正処分をしたのはいいけど後日裁判にでもなり、万が一にも汚点を残すようなことがあっては元も子もないからです。ここに両者の利害が見事に一致し「修正申告」で**一件落着**となるケースが多いといえます。

さて、ここで一件落着となるためには代理人である税理士が「**修正申告書**」というものを作成し、納税者がその納税額を納付しなければなりません。それを済ますことにより通常はその課税に対する国家の課税債権は消滅することとなります。

この場合、法定期限までに提出した確定申告書と今回税務調査で発見された所得との差額を「**増差所得**」といいますが、法人税の場合この処理は「**別表四**」と「**別表五（一）**」で行います。

「別表四」においては横並びに【**総額**】【**処分**】があり、処分はまた【**留保**】と【**社外流出**】とに分けられています。【**総額**】は【**留保**】と【**社外流出**】の和です。つまり【**総額**】というのはその課税所得金額のことですが、それは【**留保**】の項目と【**社外流出**】項目部分とに分けられます。

■【留保】はまだまだ救いはありますが【社外流出】はその場かぎりで救済はありません！

これは何を意味するかといいますと1、2の例外は別として、普通は【留保】部分で課税される場合にはダメージが比較的少なくて済むということです。税金は期間損益で計算する関係上【留保】項目で一旦課税されても、翌期あるいはそれ以降の期でその分税金を安くしてもらえますので、「加算税」と「延滞税」をとられるというダメージだけで済むということです。

一方、【社外流出】項目で課税されると事実上とられっぱなしということになります。

所得の金額の計算に関する明細書（簡易様式）

事業年度	・　・ ・　・	法人名	

御注意

1　沖縄の認定法人の所得の特別控除、組合事業に係る損失がある場合の課税の特例、漁業協同組合等の留保所得の特別控除及び特定目的会社又は投資法人に係る課税の特例等の規定の適用を受ける法人にあっては、別様式による別表四を御使用ください（用紙は税務署にあります）。

2　利益処分による賞与のうち受給者ごとに債務の確定していない額がある場合は、その額は、「②」欄に含めることとなりますので、「③」の「賞与」欄の金額に含めないで記載します。

3　「38」の「①」欄の金額は、「②」欄の金額に「③」欄の本書の金額を加算し、これから「※」の金額を加減算した額と符合することになりますから留意してください。

区分			総額	処分		
				留保	社外流出	
			①	②	③	
当期利益又は当期欠損の額		1	円	円	配当	円
					賞与	
					その他	
加算	損金の額に算入した法人税（附帯税を除く。）	2				
	損金の額に算入した道府県民税（利子割額を除く。）及び市町村民税	3				
	損金の額に算入した道府県民税利子割額	4				
	損金の額に算入した納税充当金	5				
	損金の額に算入した附帯税（利子税を除く。）、加算金、延滞金（延納分を除く。）及び過怠税	6			その他	
	減価償却の償却超過額	7				
	交際費等の損金不算入額	8			その他	
		9				
		10				
	小計	11				
減算	減価償却超過額の当期認容額	12				
	納税充当金から支出した事業税等の金額	13				
	受取配当等の益金不算入額（別表八「12」又は「24」）	14			※	
	法人税等の中間納付額及び過誤納に係る還付金額	15				
	所得税額等及び欠損金の繰戻しによる還付金額等	16			※	
		17				
		18				
		19				
		20				
	小計	21			外※	
仮計 (1)+(11)-(21)		22			外※	
寄附金の損金不算入額（別表十四(一)「23」又は「39」）		23			その他	
法人税額から控除される所得税額（別表六(一)「6の③」)　」)		25			その他	
税額控除の対象となる外国法人税の額等（別表六(二の二)「10」-別表十七(二の二)「36の計」）		26			その他	
合計 (22)+(23)+(25)+(26)		28			外※	
新鉱床探鉱費又は海外新鉱床探鉱費の特別控除額（別表十(二)「42」）		29	△		※	△
総計 (28)+(29)		30			外※	
契約者配当の益金算入額（別表九(一)「13」）		31			※	
非適格合併又は非適格分割型分割による移転資産等の譲渡利益額又は譲渡損失額		35			※	
差引計 (30)+(31)+(35)		36			外※	
欠損金又は災害損失金等の当期控除額（別表七(一)「2の計」+(別表七(二)「11」、「22」又は「31」)）		37	△		※	△
所得金額又は欠損金額		38			外※	

法　0301－0402

別表四（簡易様式）　平二十三・四・一以後終了事業年度分

留保ということではなく社外に流出してしまったものですから、納めっぱなしで救済措置はないということです。代表的なものに役員認定賞与があります。法人税を課税された上に源泉所得税の課税対象になり、加算税も延滞税も地方税もかかる、ということは所得漏れした額に近い税額になるということです。俗に「往復ビンタ」と揶揄されるものであまりにもダメージが大きすぎます。このような行為は厳に慎まねばなりません。この【社外流出】項目となるケースとしては他に寄付金であったり交際費という場合もこれに該当します。

では次に日頃よく生じる様々な例を掲げましょう。

☆その中でもポピュラーな例は「売上計上もれ」で3つの処分が考えられます。

①　売上を翌期に立てていたのを指摘され、今回の期に繰り入れるように慫慂される。右の「別表四」は売上計上漏れとして【留保】項目となり、「別表五（一）」は売掛金となります。この場合の翌期は立ててあった売上分が減額できますので、ちょうど同額分税金が安くなります。

②　次に考えられるのは計上もれの行方が貸付金とされた場合です。この場合は①の他

に貸付利息をも計上させられます。もっともこの場合には会社サイドからすれば若干法人税は高くなりますが、貸付金および貸付利息分がいずれ会社に入金されますので、資金繰り上では好都合なこととなります。「別表四」は売上計上もれも受取利息も【留保】項目となります。

③ そして、最悪のパターンは先に述べた役員認定賞与です。売り上げた入金分を生活費に使ったり人に融通していたような場合はこれに該当します。いうまでもなく【社外流出】項目となり本税と行政罰（加算税・延滞税）を加えると計上しなかった売上金額に匹敵するほどの額になります。

☆ 次に架空仕入が発覚した場合を考えてみましょう。この場合には「別表四」は架空仕入で【留保】項目となり「別表五（一）」は架空買掛金となります。先に【留保】項目は一旦課税されても翌期あるいはそれ以降の期でその分税金を安くしてもらえると言いましたが、このケースの場合はそのようなことにはなりません。仕入れてもいないものを勝手に損金としたのですから、当然といえば当然のことです。この場合には元々課税されるべきであった税金が課税される他に加算税と延滞税がかかってくるということです。

☆　次に棚卸資産を過小計上していたのを、当局から指摘を受けた場合を考えてみましょう。この場合は「別表四」は棚卸資産計上もれで【留保】項目となり、「別表五（一）」は棚卸資産となります。翌期はここで課税された分税金が安くなります。つまり、先払いしたに過ぎないということです。ただし、調査時の加算税と延滞税は取られます。

☆　役員に支払っていた役員報酬が、実は正式な登記手続きをしないで支払っていたような場合を考えてみましょう。この場合は「別表四」は給料手当否認で【留保】項目となり「別表五（一）」は貸付金となります。

☆　一部資産計上すべき保険料を全額損金としていた場合。この場合は「別表四」は保険料否認で【留保】項目となり「別表五（一）」は保険積立金となります。保険金が満期になったときや保険契約を解約した期の税金は、ここで支払った分だけ税金が安くなります。

☆　消耗品費として処理していたものが、実は工具器具備品であったような場合。この場合は「別表四」は消耗品費否認で【留保】項目となり「別表五（一）」は工具器具備品除外となります。このケースではここで一時に課税されますが、翌期以降において減価償却ができる期までずっと税金が安くなります。

☆　法定耐用年数を間違えて減価償却費を多く計上していた場合。この場合は「別表四」は減価償却の償却超過額で【留保】項目となり、「別表五（一）」は減価償却超過となります。この場合もここで一時に課税されますが、翌期以降において税金が安くなり最終的にはチャラとなります。

☆　その得意先とは取引停止から月日も経ちますし、また支払能力もないことから貸倒損失として処理しました。しかし、その後税務調査がありその債権はまだ存在していると して貸倒損失を否認されました。この場合は「別表四」は貸倒損失否認で【留保】項目となり、「別表五（一）」は否認貸倒金となります。この場合は翌期以降の期で税務上の貸倒れ要件を満たした期でその分税金が安くなります。

☆　雑費科目の中に交際費に入れるべきものが混じっていました。すでに損金算入限度額をオーバーしているのでその全額が「別表四」加算となります。この場合は「別表四」

は交際費損金不算入修正となり【社外流出】項目となります。そして「別表五（一）」はまったく何も記入する必要はありません。そしてこの【社外流出】項目の否認は翌期で損金算入されるという資性のものでもないため、翌期以降の申告調整の必要もないということです。

このように税務調査での否認事項は様々でありますが「【社外流出】項目はダメージが大きいといえます。

しかし【留保】項目にしろ【社外流出】項目であるにしろ、多額の申告もれはやはり衝撃が大きいし、たとえ【社外流出】の交際費の否認であっても、その金額が1万円とか2万円程度であればショックも少ないといえましょう。逆に【留保】項目であっても数千万円となると加算税や延滞税もバカになりません。しかも経費にならない出費ばかりです。

このような様々なケースを、税理士がどのように頭に描き指導するかにより事態は変わりますが、いずれにしろ真に会社を伸ばそうとするのでしたら【留保】項目であれ【社外流出】項目であれ、税務調査でこのような処分を受けない行動をとるべきでしょう。

2　委嘱者心得の条、税理士心得の条

■委嘱者心得の条

税理士から見たパートナーとなりたい顧客のランキング度

☆常識程度の顧問料だが、その顧問料をその税理士に対する信頼料として考えてくれるような顧客。

☆会社の業績規模が格段に伸長したのにかかわらず、経理体制の充実を図ろうとせず、そのしわ寄せを税理士に押しつけようとする顧客。

☆「○×新聞にはこう書いてあった」「同業者の会合で知り合いの所の顧問税理士がこう言っていた」と中途半端な知識を振りかざして、さもアナタは経験不足だと言わんばかりの態度をとる顧客。

☆顧問料は高いけど税理士を社員扱いし、こき使ったり利用しようとする顧客。つまり税理士を金で雇用した使用人としか考えていない。

☆　経営者は日々「生産性」と「価格」に頭を悩ます。つまり、どの程度の仕事ならどの程度の価格かぐらいは分かりそうなのに、こと顧問料となるとこの原理を忘れたふりをして、目先の損得しか考えようとしない顧客。これは日頃元請会社からいじめられているような下請け会社に多く見られる。値切れれば値切ったほど得をしたいというケチ哲学の持ち主。

☆　あちこちの税理士を渡り歩き、頻繁に委嘱換えする顧客。隣の花は赤く見えるではないが、他の方が良いと思いたがるが一般的にはそれほど違うものではない。

☆　税理士に対して機密事項他隠し事の多い顧客。これでは適切なアドバイスはできない。やはり顧客は事実関係を洗いざらい税理士に話し、その上で税理士に判断してもらうのが一番いい。なぜなら税金問題は基本的知識、税特有の解釈、思考が大変に重要であり、非常にデリケートな事例が多い。たとえば、申告しなければその特例の適用が受けられないとか、ある事例で義父の場合はダメであるが、実父の場合にはＯＫであるとか、事業用の資産の買換え特例制度とか素人判断では及びもつかないことが、税の世界には山ほどある。

☆　過度な節税、脱税を求める脱税志向者で納税意識の極端に低い顧客。これはもう論外、願下げであり、終局経営者自身破滅を招くことになる。

■ 税理士心得の条

顧客から見たこういう人を顧問税理士としたい税理士ランキング度

☆ 質の高いサービス（どのような仕事もそつなくこなしてくれる）で、しかも顧問料の安い税理士。

☆ 経済事象に応じ猫の目のようにコロコロ改正される税法や通達。これをキャッチアップするのにも大変な時代。したがって最新版の「税務六法」や「租税判例集」や「改正税法の要点解説」等々を事務所に置き、「税務手帳」を常時携帯しているような勉強熱心で前向きな税理士。

☆ 金銭よりも信頼関係にウェイトを置いている税理士。

☆ お客（委嘱者）様のためにとの気持ちを常に抱いている税理士。

☆ 怖い税務署相手に税務調査を上手に乗り切ってくれる税理士。

☆ タイムリーに適切なアドバイスをしてくれる税理士。

☆ 何事にも前向きにトライしてくれる税理士。

☆ 受身ではなく何事にも積極果敢に物事を処理してくれる税理士。

☆（会社の財布をその税理士に露呈するのであるから）口の堅い税理士。
☆業務を事務職員に任せきりにして、本人は委嘱先にはまったく顔を出さず、もっぱら新規顧客獲得を口実にゴルフ三昧に明け暮れている税理士。
☆税法関係よりもひたすら会計事務に熱心な税理士。
☆自己啓発志向の薄い不勉強な税理士。
☆雰囲気が暗く、暇そうで、書類等の乱雑な会計事務所。

■両者について共通項として言えること

☆つりあわぬは不縁の基ともいう。会社、個人事業者の規模と同格をもった税理士がいいといえる。
☆相性がいいか。馬が合うかどうか。虫が好くかどうか。気脈が通じるか。
☆ジェネレーション・ギャップはないか。あまり歳の離れた者同士では話題も合わないことが多い。
☆互いにあまり距離が離れていてはコスト的にも効率的にもよくないので、1時間程度で行き来できる範囲が理想的。
☆共通した趣味があれば仕事ばかりか人生の幅も増幅する。

☆　互いに約束事は履行すること。

3　税は国家の基本！　今からでも日本を救えるか？

■国民一流、国家は二流、政治家政治は三流ぞろい、そしてメディアは皆五流

わが国には「税金」の定義はありませんが、ドイツにはあります。それをちょっと次に掲げてみます。

「租税とは特別の給付に対する反対給付ではなく、公法上の団体が収入の目的をもって法律の定める課税要件に該当するごとに、一般人に課する1回かぎりまたは継続的な金銭給付をいう。関税はこれに該当するが行政行為の特別請求に対する手数料および寄付金はこれに該当しない」とあります。（忠佐市著「租税法要綱」森山書店１９６５年）

このように私法においては金銭を支払えばそれに見合った物を手にできますが、公法としての「税金」の場合どんなに納付しても税務書類の作成ひとつしてもらえず、また建築物、寿司も手にすることはできません。そればかりか盆暮れのお中元、お歳暮すら望めません。つまり、「税金」というのは「特別の給付に対する反対給付ではない」とあります

☆普通(民法・商法)の取引であれば金銭を払えばサービス(税務書類の作成等)を受けられます
租税の場合は×

☆普通は金銭を支払えばお寿司を食べさせてもらえます
租税の場合は×

☆普通はその物に見合う金銭を支払えば家を建ててもらえます
租税の場合は×

ように税金をいくら納めたからといって、ちょうどそれに見合う直接的な見返りは受けられない、ということです。多額納税者もそうでない者も均一の公共サービスを得られます。民主的意識の芽生えていないわが国では、ここのところが最も難しいところですが、これがまた国家の基本でもあります。これを知悉している官僚や知恵者は公共法人、公益法人等を隠れみのに、いかに法的に課税を免れるかに腐心します。しかし、「税金問題」の争点は一方に納税者がいて、他方に官僚組織化された非人格的なものの間にあるのではなく、とどのつまりはある納税者群と他の納税者群との間の争いということです。したがって、

公共法人や公益法人の無税のしわ寄せ分は、他の国民にツケが回されることとなります。
※　学校法人、宗教法人等に税金のメスを入れない限りこの国に未来はないでしょう。
※　税法を知悉した政治家でなければ官僚を操縦できず、政治主導もしょせん絵に描いた餅ということです。

財政法第四条…①国の歳出は、公債又は借入金以外の歳入を以て、その財源としなければならない。但し、公共事業費、出資金及び貸付金の財源については、国会の議決を経た金額の範囲内で、公債を発行し又は借入金をなすことができる。②前項但書の規定により公債を発行し又は借入金をなす場合においては、その償還の計画を国会に提出しなければならない。③第一項に規定する公共事業費の範囲については、毎会計年度、国会の議決を経なければならない。

このように歳出（予算）は、建設国債は別として基本的には歳入（税金）で賄わねばならないことになっています。しかし永年族議員や圧力団体、公共法人や公益法人の既得権益等々のため、今や例外的な方法でしか予算を組めなくなってきています。なにしろ92兆円もの予算に対して税収が37兆円しか入ってこないのですから。これが積もり積もって今や借金で首が回らなくなり、何ひとついい政策を打てないといったのが現状です。そればかりか稚拙な予算編成とムダな予算のため、国民のタックス・モラルが益々低下しています。

＊　納税者の脱税と予算のムダ遣い。防止の手立ては？　卵が先かニワトリが先か？

＊　「入るを知って出ずるを制す」を守らず、上記のことを考慮しなかった結果が現在の国の借金1000兆円にもなったといえます。ちなみにこの金額は1万円を平積みしますと富士山2648個分に相当します。

＊　「国民は公共・公益法人の重き税金を背負って遠き道を行くがごとし」

＊　公共法人や多くの公益法人は多額の補助金（税金）を貰っている上に支払う税金はゼロということです。

＊　歳入面（財務省主税局…税金を集める役所）の法律は「天網恢々疎にして漏らさず」といったほど厳しいのに関わらず、歳出面（財務省主計局…税金の遣い道を決める役所）はザルに近い法律です。

＊　チェック機能を果たすべき会計検査院も千人足らずの調査人員では多くの検査対象を適切には指摘しきれません。

＊　このままではそのうちこの国は「先沈国ニッポン」の運命を辿らざるをえません。
＊　メディアは右のような国家の根幹に関わる税の問題を、主権者である国民に正しく報道しなければならない義務があります。
＊　一流である国民はメディアや為政者のミス・リードを鋭く把握し、税意識を芽生えさせることこそ、この国を救える唯一の方法であるといえます。

しかし、そうは言っても法律に従って正しい税務申告をしなければならないのがこの世の運命《さだめ》。税の世界の現実をよく見極め利口なアクションをとりましょう。

エピローグ

最後に、文中においていろいろな税理士のタイプについて、その長短を記述してきましたが、後日誤解を抱かないためにここで一言お断りしておきたいことがあります。それは、それぞれのそのタイプの1つの特徴なり傾向を掲げたものであるということです。

つまりここに登場させた様々なタイプの者は、すべてが同じカラーの者ばかりとは限らないということです。

さて、本書は、長い間ベールにつつまれてきた税理士業界での、特に価格問題についてその全貌にメスを入れてみました。

税理士には守秘義務というのがあるためか、何でもかんでも秘密にしなければならないという不文律みたいなものがあり、かなり閉鎖的な業界です。

また、斯界はノウハウ業であるため、税理士本人も業界にまつわることについて一切を語りたがらない傾向にあります。

なぜなら税理士の商品自体、目に見えるモノではなく、形のないサービスだからです。

しかし、それでは業界内全体がガラス張りとはいえず、第一納税者が税理士選びに困窮するし、経済の活性化にもつながりません。

真の実態は公表せず、与野党が裏で手を取り合って国民の税金にたかるどこかの国の国会議員のようでは、いつまで経っても展望が開けません。

いい情報はドシドシ納税者（クライアント）に公表し、選択の機会を与えることによって業界も益々活性化され、また切磋琢磨することにより業界全体の地位が高まるというものです。

ここ数年で業界もガラッと変化してきていますが、これからは今まで以上に変化するでしょう。

ネット社会が益々技術発展をとげ、国際経済がグローバル化し、地球が狭くなるとこれまでの業界の常識なりシステム自体が覆され、変化せざるをえなくなるでしょう。しかし、それがどうなっていくかについては今のところ誰にも予測できません。

さて、本書第1章、第2章においては、各種税理士のタイプの特徴あるいは業界の内部的なことを紹介してきました。

そして、第3章から第5章においては、税理士業務の報酬の算定方法あるいは報酬面から見た頭のいい会計事務所の選び方について触れてみました。
第6章においては、経営者として知っていればいつかは役に立つのではないかという一品料理を掲げてみました。

最後ではありますが、本書にも書いてあるとおり税理士選びには「知人や銀行の紹介」に頼ったり、手短なところからのツテで契約を結ぶのではなく、条件はいろいろとあると思いますが、自分にピッタリの人をあくまでもご自分の意思で探されるのが賢明であると思います。

何事も他人からの押しつけや紹介での場合は、トラブった時納得するまでに無駄なエネルギーや時間を浪費することが多いでしょう。

それに対し、ご自分で選ばれたのなら結果は凶と出ようが吉と出ようが、ご自分で納得されるに違いありません。

ご自分で選ばれた税理士を素敵なパートナーとして、御社がドンドン繁栄していくことを願いつつ、ペンを置かせていただきます。

平成二十三年三月

阿部員大

追　記

この度の東日本大震災で被災された皆様には、心よりお見舞い申し上げます。地震・津波の猛威には本当に言葉もありません。人の幸せを一瞬にして破壊してしまいます。復興には多少時間がかかるでしょう。大災害といえば、頭に浮かぶのは東北（岩手県）出身者で、百年先を見据えた政治家といわれた後藤新平の関東大震災後の復興計画です。私心なくケタ外れの器局の大きさを持った彼は、見事に東京復興の立役者となりました。このようなときこそ、後藤新平のような発想の転換のできる政治家の再来を願うばかりです。しかし、それが叶わないのであれば、ねばり強さとシンの強さと聡明さを合わせ持つ東北人が、一致団結（結束）して復興させていくことでしょう。もちろん、このような未曾有のときこそ税金が有効に使われることを願うばかりです。ちなみに関東大震災の復興時に後藤新平は当時の年間国家予算分をブチ上げました。がんばれ東北！　たちあがれ関東！　くじけるな長野！

著者プロフィール

阿部員大（あべ・かずお）

☆　税理士・阿部税務会計事務所所長
兵庫県淡路島出身。1944 年 2 月生まれ。

第一次オイルショックといわれた 1974 年の 4 月に元日本税理士会連合会会長・前田幸蔵事務所に勤務。ここで所得税、法人税、相続税等々の実務を修得する。1980 年日本税理士会連合会に税理士登録、東京税理士会京橋支部に所属。前田事務所に 8 年 4 ケ月勤務したあと 1982 年 8 月より会社のライン組織やマネジメントを習得のため都内の某アパレルメーカーに勤務。そこで総務、経理、人事等の役職につきながら企画部門、生産部門、営業部門等各セクションの実態ならびに全般管理について学ぶ。

その後 1985 年関東信越税理士会西川口支部において阿部税務会計事務所を設立し現在にいたる。

☆　著書に「タイプ別税理士活用法」（税務研究会出版局）、「必死の『税務調査』物語」（ダイヤモンド社）、「税金は何処へ消えたのか？」（ごま書房）がある。その他納税通信（業界紙）他月刊誌に掲載。

☆　1974 年より税務会計の実務の世界に足を踏み入れ早 37 年。この間税務全般の実務を習熟し有限会社、株式会社、事業協同組合等の法人税また相続税の申告書を入れるとその作成数は二千数百件にのぼる。現在は全国組織の公益法人の監事をつとめるかたわら日々税務会計の実務に取り組んでいる。

＜著者ホームページ＞

http://www.abezeimu.net

著者との契約により検印省略

平成23年7月15日　初版第1刷発行

顧問報酬から見た
会計・税理士事務所の選び方

著　　者	阿　部　員　大
発 行 者	大　坪　嘉　春
製 版 所	美研プリンティング株式会社
印 刷 所	税 経 印 刷 株 式 会 社
製 本 所	株式会社　三森製本所

発 行 所　東京都新宿区 下落合2丁目5番13号　株式会社　**税 務 経 理 協 会**

郵便番号　161-0033　振替　00190-2-187408　電話（03）3953-3301（編集部）
FAX（03）3565-3391　（03）3953-3325（営業部）
URL　http://www.zeikei.co.jp/
乱丁・落丁の場合はお取替えいたします。

ISBN978-4-419-05648-3　C2034